【中国人格读

国家新闻出版广电总局

培育和践行社会主义核心价值观主题出版重点出版物

陈化成传

高占祥 主编

冯 晓 著

北京时代华文书局

图书在版编目（CIP）数据

陈化成传 / 冯晓著. -- 北京：北京时代华文书局，2015.8（2022.3 重印）
（中国人格读库 / 高占祥主编）
ISBN 978-7-5699-0488-8

Ⅰ．①陈… Ⅱ．①冯… Ⅲ．①陈化成（1776～1842）－传记 Ⅳ．① K827=52

中国版本图书馆 CIP 数据核字（2015）第 203148 号

陈化成传
CHEN HUACHENG ZHUAN

主　　编 | 高占祥
著　　者 | 冯　晓

出 版 人 | 陈　涛
责任编辑 | 邢　楠
装帧设计 | 程　慧　赵芝英
责任印制 | 訾　敬

出版发行 | 北京时代华文书局 http://www.bjsdsj.com.cn
　　　　　北京市东城区安定门外大街 138 号皇城国际大厦 A 座 8 楼
　　　　　邮编：100011　　电话：010－64267955　64267677
印　　刷 | 三河市嵩川印刷有限公司　0316－3650395
　　　　　（如发现印装质量问题，请与印刷厂联系调换）
开　　本 | 787mm×1092mm　　1/16　　印　张 | 10　　字　数 | 95 千字
版　　次 | 2016 年 1 月第 1 版　　　印　次 | 2022 年 3 月第 3 次印刷
书　　号 | ISBN 978-7-5699-0488-8
定　　价 | 38.00 元

《中国人格读库》编委会

主　　任：高占祥

编　　委：陈伟文　连瑞谦　刘晓红　刘艳华
　　　　　谢锡文　杨迎会　杨红卫　杨廷玉
　　　　　杨志刚　张广海　周殿富

社会主义核心价值观与中国人格

周殿富

社会主义制度在中国已经建立了六十余年，而我们党则在本世纪初叶提出了培育弘扬社会主义核心价值观的重大课题，显然是其来有自。

社会主义的道德风尚在新中国蔚然兴起，曾经那样地风靡于二十世纪中叶。邓小平同志曾经在改革开放中讲过，当年"这种风气不仅是中国历史上从来没有过的，而且受到了世界人民的赞誉"。然而可惜的是，这个在社会主义制度建立与实践中，同步兴起的社会主义道德风尚的成长道路，却是一波四折。半个多世纪以来，它先是与共和国一道遭受了十年"文革"的浩劫；接着便是全党工作重心转移到改革开放进程中，欧风美雨"里出外进"的浸洗濡染；再接着是西方"和平演变"在东欧得手的强烈震荡与冲击；最后又是市场经济中那两只"看不见的手"在搅动着、嬗变着人们的价值取向。至少在国民中出现了价值观上的多层次化，传统美德的弱化，社会道德文明水准的退化，光荣革命传统的淡化，这也许正是中央在本世纪初提出社会主义核心价值观的原因吧。

不管怎么"变"，怎么"化"，当我们回首来时路，却不能不说，中华民族真的很强大，很值得骄傲。人类经历了几千年的文明进程，堪称世界文化之源的"五大文明古国"，其他四大古国文明都已被历史淘汰灭亡，只有中国成了唯一的延续存在。近现代即使那般的积贫积弱，被西方列强豆剖瓜分、弱肉强食，想亡我中华都不可能，就连最强大的美帝国主义，最凶残的日本军国主义都成为我们的手下败将，而且打出了一个新中国，且跨过整整一个历史阶段，直接进入了社会主义。西方敌对势力几十年不遗余力地对新中国百般围剿，"冷战""热战""和平演变"手段用尽，连如此强大的前苏联乃至整个苏东阵营都被瓦解了，而社会主义的旗帜仍旧在960万平方公里的土地上高高飘扬，而且昂首挺胸地屹立在世界的东方，中国真的是太强大了。几十年来的瞩目成就，竟然令西方发出了"中国威胁论"。你管他别有用心也好，言过其实也好，总比让别人说我们是"瓷器"，是"东亚病夫"好吧？1840~1949年的一百零九年间，中国尽受别人的欺负、"威胁"了，我们也能让那些昔日列强有点"威胁感"，又有什么不好？更何况这是他们自己说的啊！我们并没吹嘘，也没有去做。几千年来我们侵略过谁呢？"反战""非攻""兼相爱，交相利"，中国古有墨子，近有周恩来、邓小平同志。这也是中华民族固有传统美德的延续吧！

生于忧患，死于安乐，这也当是中华民族的一个传统美德吧？几十年来尽管中国如此繁荣兴旺，但从邓小平生前一直到党的"十八大"以来，无论哪一届中央领导集体，从来都没有忘记过国之忧患。忧在何处，患在何处呢？

二十世纪八十年代末，邓小平同志曾经在半年的时间内四次提到：中国改革开放十年最大的失误在教育，在"对青年的政治思想教育抓得不够""对人民的教育不够"，足见他的痛心疾首。他晚年时又提到了"国格"与"人格"的问题，讲道："谈到人格，但不要忘记还有一个国格。特别是像我们这样第三世界的发展中国家，没有民族自尊心，不珍惜自己民族的独立，国家是立不起来的。"

（精装版《邓小平文选》第3卷331页。）

人们很少注意到邓小平的这一段话，但邓小平恰恰是在这里把"国格""人格"提升到了事关"立国"的高度。

那么，什么是我们社会主义的"国格"呢？邓小平讲得很明白："民族自尊心""民族的独立"。

新中国一路走来，我们最大的尊严便是完全靠"自力"，靠"艰苦奋斗"，而达"更生"之境。对西方敌对势力的"冷战""热战""和平演变"，我们何曾有过屈服？也正是在这一前提下，我们才有真正的"民族独立"。这就是我们的国格。那么什么是我们中国人的人格呢？邓小平同志在这里没有讲，但他在1978年4月22日召开的全国教育工作会议上的讲话中，在讲到我们的教育培养目标时，至少提到与社会主义人格相关的各个方面：革命的理想，共产主义的品德，勤奋学习，严守纪律，艰苦奋斗，努力上进，爱祖国，爱人民，爱劳动，爱科学，爱护公共财产，助人为乐，英勇对敌，集体主义精神，专心致志地为人民工作，等等。这里的哪一条不属于社会主义人格的范畴呢？

2006年党的十六届三中全会，第一次提出了"建设社会主义核心价值体系"的历史性命题和战略任务。2007

年，胡锦涛同志在"6·25"讲话中又具体提出这个"体系"包括四个方面的内容：①马克思主义的指导思想；②中国特色社会主义共同理想；③以爱国主义为核心的民族精神和以改革创新为核心的时代精神；④社会主义荣辱观。这四个方面，一是信仰，二是理想，三是精神，四是道德文明，哪一个不在社会主义人格的范畴之内呢？党的十七届六中全会又提到了社会主义核心价值体系是"兴国之魂"。

2012年11月，在党的"十八大"上又用"三个倡导"把社会主义核心价值观概括为十二项：①倡导富强、民主、文明、和谐；②倡导自由、平等、公正、法制；③倡导爱国、敬业、诚信、友善。而且中办文件又把这"三个倡导"分为三个层面：第一个"倡导"的四项，是国家层面的价值目标；第二个"倡导"的四项，是社会层面的价值取向；第三个"倡导"的四项，是公民个人层面的价值准则。实际上前两个"倡导"的八项都是属于"国格"范畴，而第三个"倡导"是属于"人格"范畴。

那么，我们怎样才能在前面讲到的那些历史嬗变中培育建构起这个"核心价值观"呢？中共中央政治局的第十三次集体学习，似乎很明确地回答了这个问题。

新华社北京2014年2月25日电讯称：中央政治局在2月24日，以弘扬社会主义核心价值观，弘扬中华传统美德为内容，进行了集体学习，习近平总书记在主持学习时强调：

培育和弘扬社会主义核心价值观必须立足中华优秀传统文化。牢固的核心价值观，都有其固有的根本。抛弃传统、丢掉根本，就等于割断了自己的精神命脉。博大精深的中国优秀传统文化是我们在世界文化激荡中落稳脚跟的根基。中华文化源远流长，积淀着中华民族最深层的精神追求，代表着中华民族独特的精神标识，为中华民族生生不息、发展壮大提供了丰厚滋养。中华传统美德是中华文化精髓，蕴含着丰富的思想道德资源。不忘本来才能开辟未来，善于继承才能更好创新。对历史文化特别是先人传承下来的价值理念和道德规范，要坚持古为今用、推陈出新，有鉴别地加以对待，有扬弃地予以继承，努力用中华民族创造的一切精神财富来以文化人，以文育人。

习近平总书记的这段论述相当精辟，对于如何培育建构社会主义核心价值观问题从四个方面剀切明白。

第一，他明确指出要在中华优秀传统文化的基础上，来构造我们的社会主义核心价值观，而不能割断历史。这一条十分重要，否则我们便会失去我们的本来面目，便会成为无源之水，也就无法走向未来。

第二，指出了中华传统美德是中华文化精髓，蕴含着丰富的思想道德资源。这就为我们揭示了社会主义核心价值观，要以弘扬优秀的中华传统美德为基础。

第三，他指出，对传统文化在扬弃中继承，在继承中创新。这就是说，社会主义核心价值观的内涵，既要有优良传统的文化精神，也要有时代精神，是二者的有机结合。

第四，他指出要用中华民族创造的一切精神财富，来化人育人。这就是说，弘扬中华民族文化，并不只是传承儒学那些道统，而是要弘扬全民族共创的优秀传统文化。同时也就是说，培育、弘扬社会主义核心价值观的根本目的是化民、育人。

尤其值得瞩目的是，习近平总书记在这次讲话中提到了一个"中华民族独特的精神标识"问题，而在同年的全国组织部长会议上又提出我们再也不能以GDP论英雄的思想。让人欣慰的是，思想道德文化建设终于被提升到一个民族的标识地位，这至少表明中国人的思想观念，并不落伍于世界潮流。

并不受人欢迎的亨廷顿生前给他的祖国提出的警示忠告，竟是如何弘扬他们没有多少历史和文化的"传统文化"："盎格鲁新教精神——美国梦"，以此为国家的"文化核心"问题。他讲道："在一个世界各国人民都以文化来界定自己的时代，一个没有文化核心而仅仅以政治信条来界定自己的社会，哪有立足之地？"所以，他提醒他无限忠于的祖国，一定要巩固发扬他们自入居北美以来，在新教精神基础上形成的"美国梦"理念的"文化核心"地位，这样才能消解这个国家的民族与文化双重多元化的危机。为此，他甚至预言美国弄不好会在本世纪中叶发生分裂。而且他公开预言不列颠大英帝国也会因民族与文化多元化的问题，导致在本世纪上半期发生分裂。

西方的一些专家学者们也十分强调国家民族文化的地位问题，柏克说："全世界的人根据文化上的界限来区分自己。"丹尼尔同样说："保守地说，真理的中心在于，对一个社会的成功起决定作用的是文化，而不是政治。开明地说，真理的中心在于，政治可以改变文化，使文化免于沉沦。"这些语言也可能有它们的局限性与某种非唯物性，但至少可以让我们看到那些发达的资本主义国家在想什么，至少与马克思主义经典作家们，关于意识形态并不总是消极被动地接受它的经济基础的论断并不相悖。

中国显然具有世界上最悠久的民族文化，同时显然也拥有世界上最强大的政治优势。新中国包括它直接进入社会主义的经济形态，以及其后的一次次经济变革，哪一次不是靠政治力量在强力推动呢？它当然同样拥有让我们几千年的民族文化"免于沉沦"的能力。有学人认为我们的民族文化早就被以往一次次的历史性灾难割裂了，这个看法显然都是毫无道理的。但我们当下却确实面临着"两个传统"失传失统的危险。中国的传统文化与优秀的民族美德，在当代国民中还有多少传承？老一代中国共产党人用生命与鲜血铸就的光荣革命传统，在党内还有多少"光大"？我们现在全民族的"核心文化"到底在何处？"社会主义核心价值观"的提出不仅符合世界潮流，也是使我们优秀的民族文化得以传承而不发生历史断裂的根本保证。富和强永远都不是一个民族的标志，哪个国家不可以富，不可以强？但能代表中国"这一个"本来面目，具有自己民族特色的，唯有中华民族的文化，能代表中国人形象的只有中国独具的道德人格。什么是人格？人格就是原始戏剧中不同角色的本来面目。

综上所述，我们是不是可以这样认为，社会主义核心价值观应内含如下的成分：中华民族传统文化中的优秀传统美德；中国人民近现代反帝反侵略反封建的爱国主义、斗争精神与中国共产党领导下形成的几十年光荣革命传统；中国化了的马克思主义有中国特色社会主义的共同理想；与"中国梦"远大目标相适应的时代精神。由这些内涵构成的社会主义核心价值观，用它来干什么呢？用习近平总书记的话来说就是"化人""育人"，把它再具体化一下，无非是打造能体现中华民族特色，代表中国形象的国格、人格。在思想道德层面上，一个国家的民族精神也只有在人的身上才能体现，所以我们依据社会主义核心价值观的基本要求，针对当代青少年的实际情况，策划了《中国人格读库》这样一套大型系列选题。

本套书承蒙全国少工委、中华文化促进会、团中央中国青年网三家共同主办推广，并积极提供书稿。难得高占祥老前辈热情出任该套书的编委主任，且高占祥同志不辞屈就加盟主创作者队伍。一些大学、中学教师与青年作者也积极加盟此套书的编写。该选题被国家新闻广电出版总局列为2014年全国社会主义核心价值观重点选题，在此一并鸣谢。

希望本套书的出版能为社会主义核心价值观的培育与弘扬，为促进青少年的道德人格养成起到积极的作用。欢迎广大读者与作家对不足之处批评教正，多提宝贵建议与指导意见。

谨以此代出版前言并序。

二〇一四年十月
于北京时代华文书局

引言

　　君不见陈老佛，手执红旗呼战士，以一当十皆奋起，炮声人声震百里，夷人当之皆披靡，火轮辟易不敢驶。自卯接战已不止，众军环视失角犄，况复溃散无律纪，败军之将公所耻，整饬孤军气倍蓰，目眦尽裂发上指，力殉疆陲报天子。

　　　　　　——选自清·陈庆镛《籀经堂类稿》题忠愍遗像

　　这首诗淋漓尽致地展现了一个披坚执锐、英勇杀敌的民族英雄形象——陈老佛。那么，陈老佛是谁？"陈老佛"是当年吴淞百姓对江南提督陈化成的尊称。陈化成，字业章，号莲峰，他少年从军卫国，一生征战沙场，捍卫沿海领土，位高权重且屡立战功，但他清廉俭朴，百姓爱称其为"老佛"。

　　晚清腐朽将倒，而外国列强觊觎中国地大物博，纷纷侵略

陈化成画像

我国。无能的清廷在此关头除了屡次被打败之外，表现更多的是懦弱。面对列强的坚船利炮，各地官员多卖国求荣，但其中也有许多"威武不能屈"的爱国将士。从鸦片战争虎门销烟的林则徐，到黄海战役和致远号同沉的邓世昌，是这些"倔骨头"撑起民族的危难之躯。陈化成正是晚清爱国将领的代表之一。最令人景仰的是，一生征战水师的他以武将能够死在疆场为幸事，用生命死守吴淞要地，捍卫了一个国家的尊严。

陈化成一生与两个地方有深厚的不解之缘，一是闽南，二是吴淞。

他长于闽南，栉风沐雨，骨子里有至刚血性。面对屡次挑衅的英国舰队，时任福建水师提督的陈化成严阵以待，敢于以拆穿阴谋、巡海堵截、颁布命令、连环炮轰等多种方式，多次驱逐想要进犯我国洋面的英国舰队，大快人心。"敢为天下先，爱拼才会赢"，这是习近平总书记在给闽商回信中对闽南人精神的描述；而回溯国家生死存亡之际，就有不少敢打敢拼的闽南人挺身而出。

他力守吴淞，壮心不已，奉命于危难之际。鸦片战争爆发，陈化成被朝廷特派到吴淞任江南提督。在主张议和的清政府命令各省撤除海防的时候，已过花甲的他反倒亲挖壕沟，加强巡逻，修台建垒，三管齐下为沿海防卫保驾护航，更是常常多日不睡，忧心国事。1842年的吴淞一役，面对上万英军的炮击弹发，六十七岁的陈化成亲上阵前发炮，在孤立无援的情形下尽管身受重创但岿然不动，最终中弹而亡，为誓死坚守的炮台拼尽了最后一口气。

"桃花红雨英雄血，碧海丹霞志士心。"将军虽逝，战魂不息；历史虽远，精神长存。"了却君王天下事。赢得生前身后名"，"黄沙百战穿金甲，不破楼兰终不还"，古诗里常能见到武将至死方休的爱国精神，在陈化成身上得到了充分的体现。其实，生长于末世洪流中的陈化成自幼便"有担当世宙气概"，西汉马援、南宋岳飞等忠臣义士的遭遇让他感同身受，英勇报国、慕忠尚贤的追求逐渐融合成戎马生涯中的一身傲骨。而这种傲骨，既是陈化成留给我们的精神财富，更是支撑中华民族崛起之未米的精神脊梁。

战火硝烟已消散，时代在改变，那段岁月也随着时间的流逝而渐渐被人们所遗忘。历史不该蒙尘，耻辱不该忘记，翻开中国的史册，曾记否，有个披坚执锐、英勇杀敌的身影，会让现世安稳的我们为之一振。

不忘国殇，不忘我们民族的英雄。

陈公祠宇何崔巍，中有孤桐刚勇栽。

四十余年忠迹在，不随战血没蒿莱。

此祠岿然垂不朽，此桐亦附流传久。

召伯甘棠谁忍伤，孔明老柏差堪耦。

——选自清·王步蟾《陈公祠孤桐歌》

目录

第四章　誓死抗英

第一章　少年从军

西洋渗透

陈化成出生于清高宗弘历乾隆四十一年三月十二日，即公元1776年。这一年，世界历史发生了三件大事：英国人瓦特发明并制造出了第一批具有实用价值的蒸汽机，引爆了英国的第一次工业革命；美国发表《独立宣言》，主张人人平等，美国进而获得独立；亚当·斯密在《国富论》中提出，"看不见的手"的理论为整个西方二百年的发展提供思想理论之源。随后，英国、美国凭借《国富论》的理论知识，建立起先进的现代政治经济制度，由此改写人类发展历史。西方列强在历史轨迹中趾高气扬地大肆前行，滚滚车轮碾压出一条条强取豪夺血泪侵略之路。西方强国用坚船利炮打破清政府的闭关锁国，在中西方文明的猛烈冲撞中，千年辉煌的农业帝国文明败给了资本主义工业文明。

而在地球另一端——东端的大清帝国正值乾隆四十一年，由乾隆皇帝统领的这个庞大帝国拥有着全球1/3的财富，GDP占据全球第一位，这一年还收复了大小金川，文治武功胜于一时，天下赞颂，接近三亿的大清臣民此时正沉浸在一片太平盛世、莺歌燕舞之中。然而，两千年的农耕文明和儒家思想的共同作用，悄然间将大清帝国日渐突显的故步自封、自大自足和保守落后推向一个充满未知的边缘，宿命式的历史怪圈开始在这个王朝上演，但它依旧浑然不知，仍在神态昂然地卧居于全球一隅，以傲视群雄的不屑俯视着这个正在悄然改变着的世界。

清帝国与西方唯一的接触仅仅是不成规模的海上贸易，以及来自这些国家少数传教士。而清帝国自认为闭关锁国的政策，打击并限制了海上走私、海盗等行为，是最好不过的外交政策。殊不知在闭关自守、重农抑商的封锁围困下，中国逐渐地脱离了世界发展的潮流和大势，在快速发展变化着的世界中，再也赶不上他国发展的节奏。中国近代发展缓慢，被动挨打的局面也开始出现。所谓"盛世"，也不过是回光返照的虚幻梦境。仅仅过去60年，天朝上邦步入了另外一种境地，国势岌危，民族陷入了沦胥之痛的循环。1840年的一场鸦片战争——来自亚当·斯密所在国家发出的轰隆炮声，惊醒了这个全身已经浸满病毒的帝国，在染满血色残阳的映射下，它只能勉强挣扎着站立起虚弱的身躯。此刻，对于生活在这片地域上的人们来说，面对野蛮暴虐的侵略者，是苟延残喘浑噩度日，是迷茫无措、麻木视之，还是慷慨昂扬挺身而出？

在大清帝国身后的斜阳缓缓西坠时，我们的民族英雄陈化成还处在他的少年时期，自此他经历了大清王朝从康乾盛世繁华昌盛到备受列强侵略民不聊生，从封建专制闭关锁国到半殖民地半封建，从礼仪之邦尊卑有序到卑躬屈膝卖国求荣，从国势昌盛莺歌燕舞到备受凌辱生灵涂炭……世界文明与东方文明不断碰撞冲击，西方列强与古老中国战火纷飞。这位民族英雄也在清朝由盛而衰的历史中逐渐成长起来。

年少持重

"将军年少始落魄，盗窟几为鸭母陷；矫然气骨不可磨，自骏英雄出微贱。"英雄不问出处，纵览古今中外，有多少人出身贫寒却不坠青云之志，谱写了人生传奇，流芳百世，名垂千史。陈化成就是一个于困境中成长，于落魄中奋起的人，他自童年起就展现了与众不同的精神特质。

陈化成童年时期早已是家道中落，生活比较拮据，然而命运往往难以捉摸、无法臆测。陈化成早年父母双亡，自小跟随兄嫂生活的陈化成没有普通孩子围绕父母膝下撒娇求宠的幸运，却也收获了兄嫂对自己的照顾和关怀，尽管如此，父母的早逝对一个只有几岁的孩子来讲，打击无疑是巨大的。父母双亡给他的幼小心灵带来了重创，但也教会了他坚强。"天将降大任于斯人也，必先苦其心志，劳其筋骨，饿其体肤，空乏其身，行拂乱其所为。"或许这就是上天给陈化成安排的一次磨炼。悲惨的生活经历让陈化成从小就很懂事听话，所谓穷人家的孩子早当家，生活中的磨难带给他的是与同龄小孩大为不同的持重和老成。

　　除了心智上的成熟之外，陈化成在外表上也是表现出了少有的老成。陈化成年过十五的时候，腰腹硕大异于常人，吃饭喝酒那也是相当的海量，相当于三人所吃的东西。在历史学家王蘧常的《陈化成将军年谱》里提到了这样一个有趣的小故事。

　　有一天，天非常热，酷暑难耐，陈化成跟亲随二人一起登岸，寄宿在一个商人的房子里。商人给陈化成等人提供了酒食，陈化成一下子就吃掉了十几个鸡蛋，好几斤肉，喝了差不多有三斤白酒。商人简直是看呆了，一个人怎么能吃这么多的东西呢？他看他腰腹如此之大，跟常人完全不同，于是在陈化成洗澡的时候，商人偷偷地在门缝偷看，这时才真相大白。发现原来在陈化成的腰间是紧缠着两幅青布，当青布去除掉，其实陈化成的腰腹跟普通人也没有任何两样。

当然，如此介绍来，你可不要因陈化成的外表壮硕而认为他乃一介匹夫。据苏廷玉的《神道碑》中记载，陈化成在少年时代就很仰慕古代的忠义风烈之士，对史书更是展现了浓厚的兴致。每当读及伏波将军马援，陈化成便欣喜异常，对其老当益壮、马革裹尸的气概敬佩不已；而每当读到岳飞，以莫须有的罪名而惨遭陷害时，陈化成便为其不幸遭遇而愤懑哭泣，就像自己蒙受不白之冤一样痛苦。清代陈金城在《建威将军江南提督忠愍陈公神道碑文》中大赞其"有担当世宙气概"。由此可见，陈化成自小便展现出了浓烈的爱国情怀和报国热情。小小年纪有此觉悟，实属不易。

文武兼具

所谓一方水土养一方人，陈化成出生的地方恰恰就是一个人杰地灵、人才辈出的好地方。他出生在福建同安县的丙洲岛上。丙洲岛地处东南沿海，岛屿地势狭长，在明清时期可谓是同安城重要的防卫门户。而且，自明英宗正统十四年（1449年）起，倭寇、海盗和外夷屡次侵犯东南沿海，扰乱了当地人的生活秩序，百姓苦不堪言。为了能够在混乱的生存环境中寻求家人安全，许多人开始学着舞枪弄棒。慢慢地造就了同安城偏于彪悍、崇尚武术的民风。据说，明清时期同安城的武官将领数量位居全省第一，大大小小的将士始终一心，树立了丰功伟绩，召焕今古。清道光皇帝曾称道："同安为武功最盛之区。"直至今日，尚武的余晖还照耀在同安区这个临海小城之上，（南少林）五祖拳、太祖拳、大鹤拳、白鹤拳、白蛇拳、螳螂拳、龙虎拳、山东长拳、白莲罗汉拳、万派拳、北拳、自然门拳、南拳、太极拳、拳击、猴拳（密宗派）、喷射气功等十多个拳种派系在不断发展和变化，尚武的民风还在影响着一代又一代的同安人。

所谓"耳濡目染，不学以能"，陈化成在这样的环境里长大，虽然十六岁随伯父到了台湾，但家乡的民风的的确确给他带来了巨大的影响。他精通武艺，习水性，驾驭风涛如履平地，可以身着盔甲逆流而行达三日；他力大无穷，力气大到可以勒住狂奔的公牛；他有习武之人的酣畅和豪迈，有习武之人的勇气和智谋……他就是从这里一步步、一天天，从兵丁开始走向江南提督的高位，恪守武德、不倚强凌弱，完美地诠释了武将的风范和气度。

诸葛亮曾对"将材"有过非常详细的介绍，"夫将材有九：

道之以德，齐之以礼，而知其饥寒，察其劳苦，此之谓仁将；事无苟免，不为利挠，有死之荣，无生之辱，此之谓义将；贵而不骄，胜而不恃，贤而能下，刚而能忍，此之谓礼将；奇变莫测，动应多端，转祸为福，临危制胜，此之谓智将；进有厚赏，退有严刑，赏不逾时，刑不择贵，此之谓信将；足轻戎马，气盖千夫，善固疆场，长于剑戟，此之谓步将；登高履险，驰射如飞，进则先行，退则后殿，此之谓骑将；气凌三军，志轻强虏，怯于小战，勇于大敌，此之谓猛将；见贤若不及，从谏如顺流，宽而能刚，勇而多计，此之谓大将。”

毫无疑问，陈化成是名实相符的“将材”。在接下来的几章里，你会更加深入地了解这个“将材”的强大灵魂。

如果说同安城的大环境造就了陈化成的“武将”功底，那么他的家世带给他更多的则是流淌着中国传统文化血液的“武德”精神。陈化成出生于书香世家，曾祖父陈钦，在当时有着相当的名望，施德于人却不为人所知，为当地人称道敬重。祖父陈青云和父亲陈鸣皋，都是秀才出身。

文的浸透、武的传承，让年幼的陈化成恪守武德，更加坚定地走上了用自己的身躯为国效忠的道路。十六岁时，陈化成跟随伯父来到了宝岛台湾。陈化成在台湾听说不少百姓受洋人压迫的痛苦和郑成功收复台湾的英雄事件后大受鼓舞。后来参军到厦门报名当水师兵勇。

青出于蓝

自乾隆季年①安南内乱，扰乱了广东等大片地区的安定。凤尾、水奥两帮势力依附于此，发展越来越快，逐渐扩张，肆意扰乱当地百姓生活，威胁着清政府的领土安全。乾隆五十九年（1794年），这些海上的亡命之徒更是胆大妄为，驶入福建三澎，他们破坏当地秩序，严重影响了当地人民的正常生活，侵犯了清政府的尊严和颜面。此时，清政府派李长庚带兵前往，成功抗击并击退了他们的队伍。

李长庚，同安人，字西岩，是乾隆时期的武进士，被授予了蓝翎侍卫，多次升迁至参将。

说起李长庚这个人，他应该算得上是陈化成的"伯乐"，所谓千里马常有，而伯乐不常有，陈化成在军队中能够成长得如此迅速，在一定程度上讲离不开李长庚慧眼识珠。

嘉庆六年（1801年），一个冬天，荣升为浙江定海镇总兵李

---

① 季年：末年。

长庚因为俘获了安南伦贵利等四总兵，被提拔为了福建水师提督。这个刚刚晋升的官员一见到陈化成便流露出了惜才爱才的一面。他一方面嘱咐身边的部下善待陈化成，另一方面让陈化成跟随自己练习兵事，尤其是教给他了很多关于水上出师如何进退的事宜。

陈化成在二十二岁以后的数十年间，都跟从李长庚行军打仗。出生在同一片土地上的两个人，在后来的抗击海盗、打击海上亡命之徒的战斗中，同仇敌忾，所向披靡，奋勇杀敌，在中国的南部大地上洒下了忠君为国的血汗且无怨无悔。

在李长庚的指点提携下，慢慢地，陈化成就表现出了非凡的军事天赋。陈化成在短短的时间内变成了李长庚的左膀右臂。嘉庆九年夏天，海贼蔡牵带八十多艘船只进入了福建地区，并残忍地杀害了总兵忠臣胡振声。连续的冒犯惹怒了朝廷，嘉庆十年，上任闽浙两省水师不久的李长庚在浙江青龙港处围剿蔡牵等海贼。李长庚命令陈化成上战舰一起随行，殊不知陈化成一出马，立即生擒彭求等十八个人，这让从军已久的李长庚欣慰不已，对陈化成的表现赞赏有加。而在接下来的众多任务中，陈化成有了更为惊人的表现。陈化成从小善于游泳，"视汪洋巨浸如衽席也"，可以穿着盔甲逆流而上，前后可持续三天。如此惊人的一技之长，使他在与海上亡命海盗之徒角逐过程中逐渐展现出了非凡的实力。他连杀海上亡命数起，斩杀、生擒的海盗更是不计其数。

那时候他才二十几岁。

第二章　角逐亡命

力敌蔡牵

从某个角度讲，陈化成的迅速成长和成熟离不开海盗多年来的不断挑衅和骚扰，从入伍一直到接下来的数十年间，陈化成与他们海上交战来来回回不知有多少回合，而陈化成的名字也在这来回的较量中响彻海盗之间，可谓"震慑盗坛"。陈化成从此成为海上亡命之徒的死穴，只要遇到陈化成，那必将会兵败将亡、大败而逃。

说起海盗，最早的海盗记录出现在公元前1350年，希腊商人在腓尼基和安纳托利亚这样的地中海港口进行海上贸易的时候偶尔会受到来自海盗的袭击。罗马帝国时期，猖獗的海盗成了这个地中海头号强国的心腹大患。自古海盗于统治者来讲，就是势不两立的一个存在，而在清朝的中后期，海盗同样也困扰着整个大清帝国。

海盗自乾隆时期就已经形成了自己的帮伙武装，既有属于自己的武装力量，又有众多帮伙同谋的队伍。随着海盗势力的不断膨胀，他们开始无恶不作，试图与清政府来个海陆之争，拉开了生死对决的持久战。在《仁宗实录》卷二二七中有对海盗的详细记载："洋盗本系内地民人，不过因糊口缺之，无计谋生，遂相率下洋，往来掠食。伊等愚蠢无知，但知趁此营生，不知干犯王法。岁月既久，愈聚愈多，甚至不服擒拿，冒死抗拒。"中国的东南沿海地区屡遭海盗侵犯，沿海地区时有动乱，而这些不听清政府领导的亡命之徒就像一根刺，深深地扎进了清政府的皮肤，严重影响了其专制统治。于是，清政府决定派出一批精良的队伍和将领，对这群海上逆贼进行严酷镇压。陈化成就是这批优秀队伍中的一员。

每一个海盗队伍中都会有一个所谓的头领，蔡牵作为附近水域最大的"头儿"，可巧的是竟然与陈化成同为同安县之人。自称"海皇帝"的蔡牵在中国的东南地区可谓是吹起了一阵飓风，这阵飓风吹得清政府的半壁江山可谓是摇摇晃晃。那这个具有反抗性的人物到底是谁，他跟陈化成又有怎样千丝万缕的关系呢？

出身贫民的蔡牵，天生体质很棒，但生性残暴，凶狠强悍。漳州民间一直流传着这么一句俗语，"卡野蔡牵"，这句话当地人解释为是指责对方比蔡牵还要凶狠。待成年后，因为具有领导天赋，再加上善于"捭阖"，即拉拢人心，蔡牵便开始招集一二十人，整天不务正业，在闽江口一带，靠抢船掳货度日。嘉庆元年（1796年），因触犯法律而彻底沦为海盗，从此索性越做越大，他扩大势力，在福建沿海各地，招收一些无业的游手好闲之辈为伙。他们大有"今亡亦死，举大计亦死"，横竖都得死的气势，誓死与清政府相抗衡。这群人在海上与清朝军队抗争时可谓是异常凶狠狡猾，加上东南沿海的帮伙有水澳、凤尾等帮派的支持，蔡牵的势力日渐扩张，蔡牵也越来越嚣张。嘉庆七年（1802年）五月，蔡牵甚至率领自己的队伍攻下了厦门海口大担、小担等岛的清军炮台。在当时，这严重践踏了清政府的尊严和颜面。

嘉庆二年（1797年），陈化成加入福建省水师伍籍。自此，陈化成和这位同样出生于同安县的老乡打起了长达数十年之久的海上争夺战。陈化成刚刚入伍的第一年里，连杀海上亡命数起，生擒数十人，斩杀数人，给海盗们亦给蔡牵带来了重重一击。陈化成与海盗们不断地过招，让海盗开始慢慢知道了陈化成这个名字，而蔡牵也慢慢不再敢轻视这位同乡。从此，所向无敌的陈化成就像一个噩梦一样伴随着海盗们的日日夜夜。

【英勇】 陈化成的海上功夫了得，在对抗以蔡牵为首的海盗过程中，陈化成所向披靡，大展大将风范。嘉庆七年，陈化成升迁做了金门右营把总。在执行命令捕捉海上亡命孙太的过程中，陈化成将一身功夫应用到了对抗海盗、猛追亡命中来。五月的海上风雨浪涛，大有"黑云压城城欲摧"的压抑和恐怖，战争让海面布满了阴霾和不安。这一年是陈化成入伍的第五年。四五年来的海上作战锻炼了他作战能力的同时，更是练就了他一身胆气。"不入虎穴，焉得虎子"，他找准时机，只身一人跃上了孙太的战船，用枪炮连环射击，杀死的人不计其数。很快，这艘船也在鲜血的浸染下石沉大海。陈化成又立了大功。

【智谋】 孙子曰："上兵伐谋。"陈化成在对付海盗上的确表现了他极为厉害的作战谋略。清嘉庆年间，地处同安县南端的集美社有十八名孔武有力的少壮渔民，他们驾驶的小船，被称为"十八桨船"，航行于同安至金门、厦门的近海，来往如飞。这些渔民经常会向蔡牵传递信息，输运补给，接济军械。陈化成多次驾驶着梭船、霆船追捕，只可惜每次都被他们巧妙地逃脱。所以，要想制服这些敏捷的快船手，就必须想出巧妙的办法。陈化成侦得"十八桨船"经常停泊在集美大社的西边，但又了解到他们戒备非常严，很难在此下手，于是陈化成花重金买通了内线渔民，直接打入敌人内部。趁"十八桨船"外出活动，暂时停泊在木城（安放在城墙外的木栅）海滨的时候，由内线渔民潜入摸进"十八桨船"，在船上18支木桨的中部划行受力处——钻了小孔。受力处被钻了小孔，代表着一旦船只急速划行，便会出现桨折船停的状况，以致后来被陈化成水军的梭船和八桨船猛追时，"十八桨船"船上的桨手跳水而逃。"十八桨船"被陈化成巧妙地摧毁了。

北宋欧阳修曾言："攻人以谋不以力，用兵斗智不斗多。"如何才能施展领导者的军事才能，巧妙地战胜敌人，以最小的牺牲，夺取最大的胜利，才是一位成功将领的厉害之处，能力所在。陈化成这一计，不仅使清军伤亡人数降到最低，而且不费吹灰之力就将敌人置于死地。

【配合】 嘉庆十一年（1806年）正月，蔡牵集合了百余艘船进攻台湾，自号镇海威武王，建元光明。二月初七日，这天恰逢大风，海上风浪滚滚，风浪席卷着大海，潮水骤涨。李长庚带领着陈化成与蔡牵展开了新一轮的对抗。李长庚扼守隘口，陈化成登陆，绕到蔡牵队伍的腹背，共同夹击蔡牵的队伍。多年来的共同作战和互相配合，使这次抗击海盗显得尤为顺利。在他们默契的配合下，蔡牵的力量开始局促，逐渐被困守在北汕。但借助潮水的骤涨，蔡牵还是逃脱了清军的追捕率，退出台湾。陈化成在整个海域搜索蔡牵的人马，虽然没有抓捕到蔡牵，但在崇武外洋捉拿了其党羽陈见等五人，在水澳捉拿了蔡三来一船，在三盘外洋捉拿了王元等五人，也算收获颇丰。

默契的配合总会让事情变得事半功倍，陈化成作为李长庚的手下，两者既是上下级的关系，又是默契十足的搭档。在两个同乡的齐心协力下，海盗势力开始慢慢走向挣扎的境遇。嘉庆十二年（1807年）春，陈化成从福建一直到广州，只为追捕镇海王蔡牵，期间建功无数。十二月，陈化成伴李长庚追击蔡牵至黑水外洋。陈化成并不知道，这一次，竟成了他与李长庚一起并肩的最后一战。

在对抗过程中，蔡牵拼命抵抗，李长庚试图将船挂到蔡牵兵船的后艄，然后登船生擒以邀功，只可惜防不胜防，蔡牵在船尾猛发了一炮，李长庚躲避不及，不幸中炮身亡。李长庚的死让清廷震动，嘉庆帝为此"心摇手战，震悼之至"，追封李长庚为伯爵。

清军阵亡了一位名将，蔡牵的队伍也没有好到哪里去。蔡牵的力量被大大地牵制和削弱，虽然得以逃脱，但仅剩下三只船艇，蔡牵可谓是元气大伤。而这些都离不开陈化成的努力。陈化成在这场战斗中，剪掉了蔡牵的羽翼，使得蔡牵队伍严重受创，这为成功除去蔡牵及这支庞大的海上队伍打下了最牢靠、最坚实的基础。

阪上走丸

清军失主帅，损失惨重，蔡牵的队伍多次战败受损，在双方都遭到重大打击的时刻，嘉庆十三年（1808年），蔡牵的军队在安南海面休整后，返回广东海域，得到其同谋朱濆的接济。朱濆是广东领域的"头儿"，曾和蔡牵并肩作战对抗清廷，但曾因战败而积生矛盾。本来这次两人可以握手言和，但没想到的是，这次短暂的相聚也被浙江巡抚的阮元所破坏。阮元用计离间了朱濆和蔡牵，两人关系再次破裂。朱濆离去，率领部队至东涌外洋。金门总兵许松年奉命追击，朱濆与清军激战，中炮身亡。朱濆队伍的降清代表着这个与清朝作对的海上亡命之徒真正快要走向终点了。

与朱濆分道扬镳的蔡牵也已经力不可支。嘉庆十四年（1809年）八月，蔡牵再度进入浙海海域，遭到了浙、闽清军的围攻。蔡牵兵船三十余艘，被浙江水师和陈化成的福建水师从中隔断，不能相救。最后蔡牵弹尽粮绝，炮弹用尽，只能以刀矛与清军拼斗。蔡牵兵败被围，沉船自杀。而后朱濆的弟弟朱渥，率众三千余人向福建清军投降，交出船只四十二艘、炮八百余门。次年，蔡牵余部一千三百余人也在福建海上降清。浙、闽、粤三省的海上反清斗争，最终走向了失败，陈化成功不可没。

这几年，他与海盗来来回回，几重岁月，几与始终，两鬓已白，为了朝廷勤勤恳恳。在这几年与海盗的抗争中，大大小小的伤更是不计其数。在跟海盗的多年战斗中，陈化成逐渐认识到了当兵的真正存在意义，出兵打仗并不仅仅只是混口饭吃，而是肩负着安定社会秩序、保家卫国、为民除害的重大责任。在其位谋其职，仅仅将打仗作为养家糊口的手段，这就真正曲解了当兵之人的意义。他在军队里努力操练，学习使用各种兵器的本领，掌握了各种武器、弹药的使用技巧，直至后来可谓是无所不能无所不晓。海上船民的武装反清斗争，自蔡牵发动，先后延续九年，波及三省，震撼了朝廷，更彰显了陈化成对朝廷的赤胆忠心。遇到战斗，他奋不顾身，勇猛杀敌，在福建、广东、浙江、台湾等地和海盗作战时，立下了许多战功，嘉庆十四年开始，陈化成就频频得到提升。陈化成在这段时间内，逐渐从海坛镇右营游击、铜山营参将、水师提标中军参将逐步提升为烽火门参将。

屡膺重任

嘉庆二十三年（1818年），澎湖水师副将职位空缺，闽浙总督董教增上奏说："澎湖四面环海，于汪洋巨浸之中，兀然孤立。内为厦门之屏障，外为台湾之咽喉，堵御巡缉，抚绥弹压，悉关紧要。非熟习海面情形，谙晓风云沙线，才识兼优，缉捕奋勉者，弗克胜任。陈化成在闽粤洋面，手擒盗匪四百八十余名，屡次斩取贼目，驰夺盗舸，并赴台湾杀贼，历著战功，畅晓水师，缉捕勤奋，熟习外海风土情形。以之升补澎湖水师副将，可期胜任。"受闽浙总督亲自上奏恳请提拔，这是对陈化成功绩的最大肯定。就连提督王得禄也表示，在闽省水师人员，也只有陈化成最结实可靠。但碍于回避本籍任官的惯例，朝廷对此迟疑不决，这次提拔就被暂时搁置了，并未得到施行。虽然因为客观原因，陈化成未能得到应有的官职，但这不能抹杀陈化成的功绩，也再一次印证了陈化成的功绩累累为大家所见证。

峰回路转，在经历了丁忧之后，道光元年（1821年），陈化成四十六岁的那年，闽浙总督颜检因为陈化成熟谙水师，才具练达，在对抗海盗的过程中屡次受伤却依然奋勇向前，实为勇往，特请求将其提升为澎湖水师副将。嘉庆帝也一直对这个英勇的武将赞赏有加，所以这个提议当年就得到了准许。陈化成也终于守得云开见月明。

这场与海上亡命的争夺战终于慢慢走向终结，而陈化成在这场持久的较量中一直保持着高昂的作战士气和斗志，在后来的几年间，陈化成陆续又擒拿了陈顺、黄戊党、陈煌、陈民等人。道光六年（1826年），因台湾嘉义、彰化亡命之徒纠集众人焚烧抢掠，并持器械争斗，涉及嘉义、淡水等地，朝廷忙调陈化成为台湾总兵，前去抗击海盗，处理此事。早已与海盗对抗多年的陈化成，在与海盗作战过程中形成了自己的一套方式方法。他带兵从鹿港进口，和福建水师提督许松年会合，从三面共同夹击海盗的队伍，使得海盗无处可逃，取得最终的胜利。

转眼陈化成已经从一个二十岁的黄毛小伙变成了一个身经百战的战场猛将，无情的对抗磨炼出了他的骁勇善战、随机应变和临危不乱。战场瞬息万变，战局也在时刻发生改变，在这场残酷的战争中有人选择逃避，有人选择放弃，而陈化成始终坚守在自己的位置上，而且一步一个脚印地走向了更高层次的战斗中。他勇猛杀敌，奋不顾身，在福建、广东、浙江、台湾等地和海盗作战时，立下了赫赫战功；他勤勤恳恳不善邀功，在嘉庆十四年（1809年），也就是蔡牵阵亡的那一年，王得禄对陈化成的功绩并未如实全部上报，导致了陈化成将军在论功行赏时并没有得到应有的犒劳。对此陈化成却表现出了恬然安之的态度，他无意于争夺名利，在他心中，朝廷是他的母亲，保护母亲是天经地义的，至于其他的，都不重要。

所谓世间自有公道，有付出自有回报，低调的为将态度却阻止不了朝廷对他的肯定。在这二十年间，陈化成手擒巨盗四百八十余人，从一个无名小兵不断被提携，逐步提升为把总、千总、守备、游击、参将、副将、提督。

陈化成入伍后的很长时间内都是在与海盗对抗，如今有些人对这件事有所异议。他们指出，清王朝从康熙盛世到嘉庆年间早已是逐步衰落，不仅统治阶级内部腐朽堕落，而且还强加给百姓各种苛政赋税。蔡牵等海上亡命之徒属于义旅，他们的反抗和逃亡是由于清政府的逼迫，是惨无人道的苛政赋税促使他们走向了这条终生逃亡的不归路，而陈化成对这群所谓的"义旅"穷追不舍是对正义的无视和打压，而这段历史更是应该成为陈化成生命当中的污点。

所谓仁者见仁，智者见智，对待陈化成打压海盗一事，每个人的见解不同，那结论自然也就不同。从海盗王蔡牵的角度讲，鉴于时代局限，我们无法准确地判断，以蔡牵为首的海上亡命之徒到底是十恶不赦的"海盗"，还是劫贫济富的"义盗"。从《定海方志》的记载中看，蔡牵等"劫掳妇，索货赎，不能赎，则剖心育肉"，抢劫良家妇女，截货要挟，如果拒不交钱则杀人不眨眼。从此看来，蔡牵自当是十恶不赦、杀人越货的海盗。从民间传说来看，有人推崇蔡牵为"盗者有道"的"义盗"，也有人说他是"杀人取发做旋索"的杀人狂魔。如今所有残留的资料都是如此模糊不清，那身在新世纪的我们又如何定义这场风靡数年的战争？又怎能随便否定一位将军的护国热情？

其次，从陈化成的角度来看，生为朝廷的朝臣，他坚守他的使命，除暴安良，为朝廷可谓是倾尽所有。"身在其位，必谋其政"，陈化成尽了一个清朝子民的责任，不怕身死，只求为国效忠的执著，深深震撼每个人的心灵。法国有句谚语，何为英雄？英雄就是对任何事都全力以赴，自始至终，心无旁骛的人。陈化成对清廷的赤诚天人共鉴。

是是非非，对对错错，怪就怪时代的不济，朝廷的无能和腐朽。在这场生与死的较量中，陈化成所表现出来的骁勇善战、尚节重义、忠诚果敢是永远也无法抹杀的，这更成为了陈化成的人生闪光点和人格魅力。而后的许多年里，陈化成仍与海上亡命者互相追逐。十年如一日，几十年的海上交战，这位英雄也慢慢走向人生的辉煌。在接下来的许多年中，他仍然保持着最初的斗志，永远都像一个新兵一样，充满着不怕敌人、不怕流血的勇气和魄力。

第三章　风雨十年

与英邦交

我国自古以来就是以男耕女织，自给自足为生活模式，鸦片战争前，在对外关系方面清政府一直采取闭关锁国的政策。大清帝国非常满意当前的外交政策，他们沉浸在天朝圣国、礼仪之邦、地大物博等的幻想之中。对外贸易的城市仅限于广州一处，并对贸易活动严加控制，采取高压政策。在康熙三十七年，清政府设置了海关，海关的设立为英国人进出中国提供了便利，英国商人开始来中国进行贸易，与清人互通有无。但是清王朝不允许这种贸易往来太过频繁，只允许每年发生一次，而且对于贸易船只、数量有着严格的控制。同时这种贸易是单方面的，清政府决不允许中国商人主动出洋。严苛的外交政策引起了觊觎中国市场的西方列强的不满。他们强烈要求与中国建立邦交关系，试图通过打开中国大门，进而有机会实现他们的各种野心和欲望。但鉴于中国自古以来其"天朝大国"的威望，众列强未敢轻举妄动。而其中敢于吃第一口螃蟹的却是一个弹丸小国——英国。英国的野心实在是太大，清政府当时设定的外交政策根本就满足不了他们开拓中国市场的欲望。

英国，位于欧洲的西北部，大西洋东岸，受北大西洋暖流的影响，属于典型的温带海洋性气候，同时英国境内山脉居多，平原稀少，这样的气候特征和地势特征并不适合发展农业，只能发展有限的牧业，想要像中国一样做到自给自足那简直就是天方夜谭。但是英国四面环海，这一优势在新航路开辟（十五世纪末）后越发地显示出它的威力。英国利用大西洋航路中心的有利条件，积极发展对外贸易，这使英国一跃成为第一个资本主义国家，并为其资本主义发展奠定了坚实的基础。同时，第一次工业革命的顺利开展，大大提高了英国的生产力，在一定程度上创造了更多的工业制品。但英国地小人稀，市场十分有限，生产出来的东西无法变成真正的财富。所以英国需要一个自由而广阔的市场，用来倾销生产的商品，同时还能从那里获取更多的原材料。在这种迫切想要发展对外贸易、实现国内富强的情势下，一直对东方的富饶垂涎的大英列强怎么可能放过中国这块肥肉。英国想要得到这块肥肉，就必须在中国通市。在英国一步步的"苦心经营"中，清廷的闭关锁国政策一点点地被瓦解，英国的邪恶爪牙慢慢伸向了中国这片土地，他们试图通过一种和平而友好的开始，打开中国大门，从步步为营到肆无忌惮、为所欲为。英国的险恶用心可见一斑，中国屈辱的侵略史也从此开始书写。

据史料记载，雍正十二年，英国商队已经有计划地来浙江宁波进行商品贸易，一切进展非常顺利。这让英商看到了扩展业务的可能和希望，索性第二年增加商船数量，企图扩大贸易规模。但旋即被清政府勒令不许入浙，并禁止丝绸出洋。清廷的不予开市并不是完全的故步自封、囿于大国的称谓而不晓局势，而是英国的商业贸易影响了中国本身的发展。这些政策打破了英国人在中国敛财的愿望，英商联合英国政府多次与清政府进行协商，企图通过利益诱惑博得清政府的认同。早在陈化成尚未加入清营时，英国政府就已经开始了打起了通过利诱的方式获得通商机会的算盘。此时的英国，就像一只披着羊皮的狼，外表亲和，内里却是睁着血红的眼睛，张开血盆大嘴，露出锐利牙齿的野兽，悄悄向他的猎物靠近……

乾隆五十八年（1793年），英吉利国王雅治派遣使臣马嘎尔尼等人前来朝贡，当时正值乾隆帝的八十三岁寿辰，英国当然不肯放弃这样一个大好机会以此大献殷勤。英国政府派了一个七百人的庞大使团，在马噶尔尼的带领下，带了六百箱的礼物来到了中国。他们为皇帝带来了各种新鲜玩意儿，这些东西都是英国当时最先进的工业制成品，其中包括望远镜、热气球、钟表、地球仪等，甚至还有铜炮、军舰模型和火枪（也就是以后的步枪）。对于这些代表着当时世界最先进最前沿的科学技术和器械，乾隆帝远不如当年的康熙帝重视。让马噶尔尼没想到的是，乾隆帝和大臣们对这些礼物不屑一顾，乾隆帝对马噶尔尼说："天朝物产丰盈，无所不有。"乾隆帝就像对待无用之物一样，将礼物放置在大内的仓库里，而他们带来的炮弹和器械等就被扔进了圆明园。据史料记载，直至第二次鸦片战争，英法联军再次入侵中国，闯进圆明园时，这些利器仍然完好无损地放在原地。乾隆帝并不看重这些武器，在一定程度上也是受中国古代国防的影响。中国西南高山阻隔，北面即是大漠，东南又濒临大海，中间是辽阔的平原，四面八方几乎都有天然的屏障，中国古代国防面临的最大威胁即是来自北方草原，所以会修建长城抵御外敌。但乾隆帝又怎会想到，短短数十年后，英国开着同样的军舰，使用着同样的装备和武器，在中国的土地掀起一场场腥风血雨！

马噶尔尼此次来中国的目的，众所周知是为了开辟中国市场，他上奏乾隆皇帝，希望能够获得派人驻京的权利，不仅如此，英国力求在浙江、天津、广东等地通市，并要求减免关税。在清政府看来，这简直就是一种变相的侮辱。清政府仍沉浸在自己给自己编织的黄粱美梦中沾沾自喜，对英国的请求更是直接否定。虽然，马嘎尔尼的中国之行在表面上并没有完成使命，但却使他清晰地看清了中国的实力，尤其是军事实力。乾隆帝特地为马嘎尔尼安排了中国军队的欢送仪式，这让马嘎尔尼近距离地观察到了中国军队的现状。他看到军人们都是穿着短衣短裙，脚上穿的都是厚底的缎靴，根本就没有军人应该具备的英气勃发，反倒显得女里女气。他顿时发出感慨："中华帝国，是一艘破败不堪的旧船，我们几艘三桅战舰，就能摧毁他的海岸舰队。"而正是马嘎尔尼的这次中国之行，为他们的侵略打算找到了信心。

马嘎尔尼之行告一段落，但英国从未放弃过开拓中国市场的念头，时隔一年，英国再次入贡，上表说"天朝大将军前年督兵至的密（今尼泊尔中部地区），英国曾发兵应援"，借此与清廷套近乎。而后的几年间，英国政府仍未改变与清廷的交好方式。嘉庆二十一年（1816年），英国再派使臣加拉威礼、罗美尔等来粤献上地方特产，并要求"开通广州以北港口"，清政府并没有答应。清政府一再的拒绝让英国在清政府交好的同时，又不断通过武力方式在中国海域示威。

乾隆时期，英国已不断在海外殖民，向东方扩展势力。英国兵船常常出现在中国东南沿海地区，劫掠他国船只。英舰曾多次先后劫夺西班牙、法国、荷兰、美国等国的船只，广东巡抚李湖曾警告说："倘仍冥顽不灵，不守天朝规矩，此后敢有一天在我天朝地方犯我法度，扰我客商，骚动一草一木，不论公班、港脚夷船，本部院总要按照大皇帝功令，连大班人等同本犯一并严拿，分别从重究治，不稍宽贷。"（《达衷集》一三三页）所谓苍蝇不叮无缝的蛋，虽然英国多次请求在各沿海地区开港，清廷始终不予回应，但最终却禁不住中英官商的相互勾结，里应外合，最终宁波通市。即使是新鲜的鸡蛋裂开了一条缝，那也会被苍蝇叮得缝隙越来越大，更何况是清朝这个早已腐烂之极的臭蛋，岂有再复原的道理。清政府的冷处理让英国终于按捺不住，至此英国对清王朝这个"天朝大国"已没有半点畏惧。嘉庆七年（1802年），英国为防止法国夺了澳门这块"肥肉"，以防备法国侵占澳门为由，驱兵船来到鸡头洋，占据澳门炮台三处，后在清廷的强行催逼下退出澳门；嘉庆十三年，当它再次窥伺澳门时，便以兵船护货为由，出兵偷袭了澳门。这是中英军队的第一次正面交锋。不仅如此，英国还有更为阴暗而丧失人性的举动，他们为了扭转中英的贸易差额，向我国大量输入鸦片，臭名昭著的英国东印度公司就是罪恶的鸦片贸易的主力。在鸦片的毒害下，中国开始走向堕落的深渊。

好在此时清政府开始意识到了事态的严重性，也开始拿正眼来看待这个弹丸小国。频繁的骚扰和肆虐的鸦片，让大清帝国在感受到威胁的同时也开始采取一些措施。嘉庆十四年（1809年），朝廷增筑澳门炮台，五月，订广东互市章程。也曾多次明令禁止英人传教，更是在全国范围内掀起一股禁烟风潮。

此时的清政府可谓风雨飘摇，曾经不可一世的清朝政府当前既面临着外强入侵，又面临着海上亡命之徒的不断骚扰，以清帝为首的统治集团终日惶惶，不能自安。日益衰弱的清朝在高昂着其贵族高贵的头颅时，面对着日益强盛的大英帝国的频频来袭，却也慢慢没了底气。在这样一个混乱不已却也关键的时刻，被封为"振威将军"的陈化成敢为人先，挺身而出，既与海上亡命斗智斗勇，又不断为国家的民族大业保驾护航。

道光十年（1830年），在陈化成已经五十五岁高龄之时，朝廷授予了他福建水师提督的职务。五十五岁，即使放在当今这个年代，也已是即将步入老年人的年纪，何况是在二百年前的清朝。已经过了知命之年，即将步入花甲之年的陈化成老当益壮，毅然接下了福建水师提督这个重担。水师提督统辖福建全省水师军务，节制金门、海坛、南澳三镇及台湾、澎湖，领水师提标中左右前后五营官兵。提督掌管的区域可达数万平方公里，甚至数十万平方公里。可见这个官职的确不容小觑。按照旧例，提督、总兵是不能在自己的出生地为官，而皇上以"非将军不能膺海疆重任"破格重用他。陈化成上奏请求回避，朝廷特命其无需回避。这对于陈化成来讲，除了一份荣誉，更多的是一份责任。这样一种充分信任的前提下，陈化成在福建的十年间，兢兢业业，为清朝朝廷奉献了自己所有的汗水和力量。他对待来袭的英军、英商毫不手软，对待军民却尽心尽意，淋漓尽致地展现了他的伟大的民族气节和民族道义。浩然正气与凶猛无比于一身，真真展现了一个对内对外全然不同的陈化成。

强化海务

当时厦门和沿海各处的营寨汛口，年久失修，而且军械老化陈旧，各项防务做得都一塌糊涂。陈化成上任之后，看到如此荒凉败落的场景后，决心重塑此地。他陆续修葺营盘寨栅，先让士兵能有住宿之所，最起码不能让士兵被风吹被雨淋。他还着手刷新炮台、更新整顿军械，在陈化成的努力下，福建水师呈现了一种全新的面貌。在全国一片紧锣密鼓抵抗外敌的背景下，陈化成为了达到更好的作战效果，他向清廷兵部提出了更定规章制度的建议，陈化成指出，为了提高战斗力，应让将士劳逸结合，按时按班次进行巡逻戒备，只有这样，才能更好地发挥每个人的实力，时刻保持良好的作战状态，较大地发挥水师各营的职能，从而使海防得到进一步加强。

在任期间，陈化成看透了英国人的阴谋，为了防范外夷的骚扰，加大了对防务的重视程度。从陈化成入伍以来，英军对中国的侵犯就从未间断过，再加上陈化成清楚地认识到身为福建水师提督的重大责任，他誓死守卫福建地区，不给英国一点在此横行霸道、胡作非为的机会。

清道光十二年（1832年），英国东印度公司派遣胡夏米乘坐"阿美士德"号到厦门进行间谍活动，行动非常诡秘。船一到厦门，当地官员便立刻发出英船登岸的禁令，"天朝法令禁止外人在此地贸易……也不许与当地居民接触"。胡夏米此行，除了观察中国的各种军事情况外，还有一项任务就是宣传他们的一些思想。他们在行进过程中，会主动向渔民散发小册子，有些渔民拿海鲜与他们兑换粮食的时候，英国人也会主动免费赠送给他们这些小册子。这件事被皇上听说之后龙颜大怒，清帝怕英人会通过这样一种方式教化百姓，从而威胁到自己的统治。于是皇帝紧急下令坚决制止"阿美士德"号的行进，并阻止其任何宣传教化活动。陈化成接到命令后坚决执行，他亲自召见

厦门市中山路附近草埔巷 9 号的陈化成故居

了胡夏米等人，告诫他们英船停泊厦门属违法行为，勒令他们尽快驶离港口。同时陈化成还命令水师严加监视，一旦发现有英船出现，即刻驱逐出港。陈化成还当场捕获靠泊在英国船舷的两艘小渔船，逮捕了勾结英船的杨妹等六名人犯，解往福州讯办。在陈化成的任职期间，英舰经常闯入闽、浙各洋，侵扰我国东南沿海地区。陈化成督率水师，认真巡逻，一旦发现英舰便施行堵截，士兵们斗志十足，英勇冲锋，一鼓作气力敌英舰。力度之大、打击之猛烈，使英军开始对这个"陈老虎"产生了畏惧，于是有了"不怕江南百万兵，只怕江南陈化成"一说。即使是在十年后的鸦片战争中，英军对于这位老将军仍存畏惧之心。

道光十五年（1835年），陈化成同闽浙总督陈祖海奏请朝廷实施闽浙粤三省海上联防方案，为加强东南海防做出了贡献。道光十七年（1837年），英舰在闽安五虎外洋处游弋，闽安副将周廷祥前往出面制止。英兵于是派了一只小船前去投递禀帖，声称要接回居漳浦的英国"难民"，陈化成知是英兵的借口，于是派人转谕：海面"难民"，应照例翻译说明情况，由我国护送到广州回国，现"难民"未供系英国人，而且，英领事禀文亦未将"难民"姓名指出，难于凭信。随即命令水师将小船押至大船并驱逐出境。英国其打探中国军情的计谋被陈化成识破，只好灰溜溜地走了。据外文资料记载，陈化成和金门镇总兵联名张贴出了一张警告英商的布告，通令外国船只，一律远离中国海岸。布告还说，中国沿海战船，星罗棋布，数以告计，一声令下，其应如响，水陆大军云集，不是少数外国人可以妄想抗拒的，本提督、都统不忍不教而诛，特此布告。陈化成本想借布告警告众外国商船，但谁知以英国为首的鸦片贩子并不买账，他们继续着他们的殖民计划，气焰嚣张，企图用武力打开中国的门户。

道光十九年（1839年）十月，有三只英船停泊在了梅林洋面，陈化成发现之后，与金门镇总兵窦振彪一同督军前去驱逐。陈化成下令各船整备炮火，接连驶进，连环轰击敌船。此时还在停泊中的英船非常狼狈，一边挂帆，一边用炮来抵抗，随拒随走，在仓皇失措中抱头鼠窜。时隔两个月，英军居然还敢来冒犯，这次陈将军同样和窦振彪率领士兵开炮轰击，把英军打了个落花流水。

随着闽粤海面形势越来越紧张，陈化成对闽海的防务保持了高度的警惕，从不给英舰以任何靠近的机会。同时陈化成在与英国交涉过程中从来都是不卑不亢，面对英国的坚船利炮，陈化成维护了中国的外交尊严，展现了中国人该有的骨气和誓死抗击的勇气。

《厦门志》书影

在大家众志成城、齐心协力对抗外夷之时，总有那么少数的人，做着违背良心、丧尽天良的事情。有个自称为"三山举人"的汉奸，主动到官府打探消息，将有价值的消息向英国烟贩通告，哪里布置了多少兵，哪个地方可以适合进行鸦片买卖。不仅如此，他还为英商出谋划策，想出一些鬼点子对付清军。他还当起了清军贪官和英商的"联系人"，一旦获知哪个军官对英国人有好感，他便打通英人与官员之间的关节。他丧心病狂地为洋人服务，为的是达到他升官发财的龌龊目的。他甚至还曾给英国大烟商胡夏米写过一封信，"大英国胡夏米老爷，船主大驾，宝舟回国，特来送行……我是贫穷举子，并无一物相送，乃孝子奉母言，令我送行……蒙天庇佑，相逢贵老爷相送书财，我有日求得一官，做犬马报你大恩。若不能得官，后世转世，做犬马去你贵国船主家报恩"。"三山举人"背叛国家，卖国求荣，其丑恶的嘴脸和肮脏的灵魂，让人生恨，而英国侵略者利用小恩小惠收买汉奸卖国贼的卑鄙手段，昭然若揭。"三山举人"的行为在一定程度上影响了陈化成海上防务工作的开展。

在福建的几年，陈化成尽心尽力，由于常年来在海上作战，饱受风霜，外加面部清瘦，总会被人误以为是七旬老头。道光十八年（1838年），陈化成与台湾知县姚莹在军营畅谈军事，给姚莹留下了十分强烈的印象："公时已近七十，言军事慷慨激发，逾于壮夫。"其实这一年陈化成才刚过60岁。陈化成在福建的这十年，真正尽了一个臣子的所有义务。保卫祖国海疆，只要有一口气在，他就一定不会放弃。

造福当地

陈化成进驻厦门之后的十年间，位居武职一品高官，在清朝这样一个"三年清知府，十年雪花银"的腐朽政权里，按说其"公馆"应该非常豪华大气。但实际上，陈化成的住所非常不起眼。据了解，当年陈化成从一个吴姓人家手中买了一座普通的民居，为一处二落平房。房间低矮简朴，跟普通百姓的民居没什么两样。如今，当你来到厦门中华街草埔巷你还能看到陈化成当年的住所，了解他在福建这十年的生活环境。这是一个坐东南朝西北的房舍，砖石木结构，马鞍脊屋顶，面阔三间计12米，总进深33米（含庭院）。门窗朴素，毫无任何雕饰，厅房不宽，和普通百姓住家差不多。在经过了一百八十多年的风吹雨打之后，这所原本就简陋的房舍，已尽显破败与老旧。如果没有门前围墙边的两座旗杆石尚可表明房屋主人的身份的话，我们如今实在无法相信这里曾经是朝廷一品大官的宅院。清朝在经历了它的鼎盛之后，统治阶级便放弃了进取精神，因富而奢、因盛而骄。在清朝官员之中，玉盘珍馐、绫罗绸缎都是官员生活中最为普遍的现象。"文官爱钱又惜死，武官惜死又爱钱"，官场变成了官无不贪、吏无不恶。而像陈化成这样如此清廉正派、克己奉公的官员，在清朝可谓是凤毛麟角，少之又少。

作为"敌人亦服之忠勇"的一代名将，陈化成两袖清风，治家极严，他的原配夫人姓吴名爱，于嘉庆二十四年六月过世，继配夫人姓憎名甘，两位夫人在丈夫的影响下也极为朴素，"自俸甚薄，庖厨少烹饪，妾御鲜衣饰"。陈化成不仅住的地方简陋、穿得朴素，他吃的东西也是非常简单的。他很少吃什么大鱼大肉，喝酒的时候也就炒一盘花生米。当地百姓都称他为

"廉将"，也有人叫他"怜将"，意思是当了那么大的官生活却跟寻常百姓一样，真是太"可怜"了。当然，这种类似调侃一样的"赞美"所表现出来的恰恰是百姓对陈化成的认同和肯定，更表达了对廉将的敬佩和尊敬。

他在任职福建水师提督之时，经常会到各地巡视。巡阅台湾的时候，有很多文武官员纷纷向提督大人献上厚礼，而陈化成一概不受。他不仅严于律己，而且对待自己的将士也严格约束。清朝的军队在一定程度上跟清朝的吏治一样腐败，官兵都是贪污受贿，搜刮民脂民膏。高一级的官吸下级的血，下级官员便吸士兵的血，而普通士兵便去吸平民老百姓的血。一般官兵所到之处犹如劫匪一般扫荡一空。然而陈化成的部队驻扎的地方，却是另外一番景象，"军风纪较好，深得民众拥护"，他们所到之处"如未尝有兵者"，百姓对陈化成都相当感激。不仅不搜刮民脂民膏，陈化成这次来台湾还给当地人民办了一件大好事。

按照规定，台湾每年要给厦门的水师诸营提供十万石粮食，由福建水师提督发放军饷。但自从嘉庆元年起，"镇海不靖，商艘日少，谷常拙运"，船运遇到困难，难以按规定完成运粮任务。然而历年来积压在台湾待运的粮食太多，当地不敢私自动用，不仅贮藏起来费时费力，而且粮食贮藏太久，难免会有霉变的可能。台湾当地的官员曾在道光六年时向福建上司请求能够改为"折色"，即台湾折算粮食银两交纳给兵营，而积压的粮食可以在台湾当地出售，得到的钱款可以充当厦门的军饷。这是一个利国利民的好事，可是前任水师提督刘起龙想要从中牟取私利，百般阻挡，很久都没有施行。台湾当地大批大批的粮食发霉，而许多百姓都吃不上粮食。而就在此时，陈化成到了台湾，台湾知府姚莹便把此事告诉了他，并想试图劝说这位新任提督能够答应此事。让姚莹没想到的是，陈化成听了这个状况后，立刻便同意了，他对姚莹说："只要对台湾官民有利，有什么不可以做的呢？我答应照办。"久悬未决的事情就这么解决了，而陈化成清正廉洁、为民办事的作风也深深地感动了当地的官员和百姓。

陈化成不仅不侵犯百姓的利益，还自掏腰包为百姓做好事做实事。陈化成十分热心地方公益事业，道光十九年（1839年），他与福建的文武人士一起资助兴泉永道的周凯修纂了《厦门志》，并亲自为《厦门志》撰写了序言，从而使厦门的历史、地理等重要的资料流传至今，为世人所见。陈化成还带头捐资扩建玉屏书院，也就是现在的厦门第五中学。当时玉屏书院早已年久失修，屋子多处损坏耗蚀，破旧不堪，根本就无法正常上课。陈化成来厦门任职之前，这里从来都是一个月上两节课，教师学生敷衍了事。陈化成了解到这个状况之后，从自己的军饷中拿出一大部分来改善书院环境。后来在陈化成及地方绅士的帮助下，玉屏书院恢复往日风采，书声琅琅、弦歌不绝，教化风气越来越好，人才辈出。陈化成虽为武将，却尽自己全力关心当地文化事业的发展，可谓功莫大焉！

不仅如此，陈化成还专门为百姓设立了育婴堂，拯救孤儿和弃婴；他设置赈灾粥厂，解决了灾区人民及流浪人群"吃"的问题；他捐建祖祠，可谓是给当地人带来了福音。他自称"予喜成美"，他用自己微薄的收入帮助那些困难的人，为朝廷着想，为地方官和士兵着想，为百姓着想，但唯独不为自己着想。这种无私奉献、不求回报的精神足以让世代歌颂！陈化成将"德"的精神倾注在这一片土地上，让世代子孙都能受此熏陶。陈化成，足为后人之楷模也！

协助禁烟

毒品，在当代中国是一个禁忌，是政府和军队的重点稽查对象，对待毒品，严厉打击、绝不姑息，中国的态度也从未改变过。二百年前鸦片带给中国人的屈辱是印在中国人心中的不堪记忆。

鸦片，又叫阿片，俗称大烟，源于罂粟植物蒴果，其所含主要生物碱是吗啡。鸦片的颜色因产地的不同而有所差异，大致呈黑色或褐色；有氨味或陈旧尿味，气味强烈。生鸦片经过烧煮和发酵等一系列程序，即可变身为精制鸦片，呈棕色或金黄色。正是这种散发着香甜气味的精致鸦片，将很多中国人迷得七荤八素。鸦片作为舶来品，早在张骞出使西域时就已传入中国，只是最初鸦片仅用于药用或者是单纯地将罂粟花作为欣赏性的花来观赏，并不会形成太大危害。然而，图谋不轨的英国，为了扭转贸易逆差，形成大额顺差，向中国倾销了大量的鸦片，鸦片在中国开始横行，逐渐发展成为一个社会问题。越越多的人沉迷吸食鸦片，需求量陡然增加，英国发现鸦片在中国范围内巨大的市场，便在殖民地大量种植鸦片，向中国兜售。中国"东亚病夫"的称号响彻世界。

鸦片的危害，不言而喻，可谓是"其害过于洪水猛兽远甚"。对于整个大清帝国来讲，鸦片在中国的大量消费，直接导致了大量的白银外流，鸦片给英国政府及烟贩带来了惊人的暴利，由此中国的对外贸易一下子被反转，使中国由二百多年来的出超国变成入超国。清政府财政紧张，可谓百弊丛生。据黄爵兹奏疏："自道光三年至十一年（1823～1831年），岁漏银一千七八百万两。自道光十一年至十四年（1831～1834年），岁漏银两千余万两。自十四年至今（编者注：1834～1838年），渐漏至三千万两之多。此外福建、江浙、山东、天津各海口，合之亦数千余万两。以中国有用之财，填海外无穷之壑。易此害人之物，渐成病国之忧。日复一日，年复一年，臣不知伊于胡底。"

而鸦片对吸食者的危害则更为严重，当时有诗这样形容吸食鸦片的人的状态，即"双灯对眠一灯紫，似生非生死非死。瘦肩耸山鼻流水，见者咸呼鸦片鬼"。鸦片对人的危害不仅局限于身体上的侵蚀，而且还会让人精神涣散，产生依赖，导致人嗜瘾成性不能自拔，可谓是"不但杀人之身，而且还杀人之心"。清朝书籍《梦厂杂著》中就曾记录了鸦片吸食者的痛苦："瘾至，其人涕泪交横，手足委顿不能举，即白刃加于前，豹虎逼于后，亦唯俯首受死，不能稍为运动也。故久食鸦片者，肩耸项缩，颜色枯羸，奄奄若病夫初起。"吸食鸦片后不仅会使人急速消瘦，面无血色，目光呆滞，而且整日无精打采，甚至会丧失免疫力，过量吸食鸦片甚至能导致中毒而死。在中国传教的外国传教士麦都也思目睹了鸦片对中国人的损害，他说："那些没有看见过吸食鸦片在东方所产生的影响的人们，很难理解它对吸食者的健康体力和生命的摧残。在吸食不多几年之后，它必然会使人的体质衰弱，生命缩短。鸦片商们很少知道在他做这种败坏道德具有破坏性的交易中给人们带来了多大的害处。在鸦片输入中国以前和以后，中国人口增长率的差异应该唤醒他们并使他们问问自己，他们对于那些吸食鸦片烟而患病和死亡的人是否负有责任。在鸦片烟输入中国以前，中国人口的增长率为每年百分之三；在鸦片输入以后则为百分之一……"英国向中国大量倾销鸦片，可谓是反人性的勾当，劣迹斑斑不言而喻！有人曾拿鸦片贸易和奴隶贸易相比较，认为鸦片贸易比奴隶贸易更加丧失人性。英国人蒙哥米尔·马尔丁就说："不必说贩卖奴隶同贩卖鸦片比较起来，还是善良的事情。我们并没有杀死非洲黑人，因为我们的直接利益要求我们保存他们的生命，我们没有改变他们的人的本性，没有损坏他们的智慧，没有消灭他们的心灵。可是鸦片贩卖者却腐化了、降低了和毁坏了不幸福的人的精神生活，而且还毒杀了他们的身体，鸦片贩卖者时时刻刻向食欲无言的吃人神贡献新的牺牲品。"

鸦片在中国的危害如此之大，它在许多方面都引起极大的不良的连锁反应。国学大师王国维也悲痛地指出鸦片对中国的巨大伤害："洋烟之害，流毒百余年，蔓延二十二省，受其害者数十万万人，以后浸淫，尚未有艾。废人才，弱兵气，耗财力，遂成为今日之中国矣。"一些体魄健壮的军人，一旦染上烟瘾，便成了鸠形鹄面、不堪一击的纸糊人，哪还有力气去战场上与敌人厮杀？鸦片在中国，如同毒瘤一样深深地扎根于中国的土地上，然而正是这场毫无硝烟的比拼，使中国很快就败下阵来。官员无心为民服务，兵士无力为国奋战，人人精神低迷，百姓生活大受影响，甚至妻离子散、家破人亡，中国处在一盘散沙的真实境地中。

英人为了赚取更多的利润，除了继续坚持广东这块"风水宝地"之外，还打算继续开辟新市场。从19世纪20年代起，自粤江沿着海岸线，向北发展，一直扩展到东三省。根据可靠数据统计，道光十八年（1838年），输入中国鸦片为40,200箱，达到历史的最高水平。美国著名学者郝延平认为："外国装船运往中国的鸦片，从1800～1801年贸易年度的4570箱增加到1838～1839年贸易年度的40200箱，39年内大约增加了9倍。"鸦片战争前夕，鸦片在中国的销售和传播速度猛增。

如此看来，1830年陈化成任职福建水师提督之时，大清国早已是进入多事之秋。东南沿海常常会有外国走私鸦片的船只出现，他们大多凭借着其国家的坚船利炮和高配置的装备而洋洋得意，仗势欺人。清政府的很多官员一方面看不上这些外来之人，轻蔑地称其船只为"番舶"，而一方面清政府的官员都对这些颇显牛气的"番舶"心存不安和恐惧。而这种不安和恐惧伴随着英国走私船只的不断增多而更加浓重，而除去不安和恐惧的最好办法就是妥协。很多清朝官员选择妥协于外国鸦片走私，不仅选择隐瞒不报，更是与其坐地分赃，"阴享分肥之利"。正是有这样一个个自私自利、胆小怕事的贪官污吏，才使英国的鸦片输入变得更加有恃无恐。他加大海防力度，使更多的官员开始有了底气，而这种英贩与官员勾结的现象有了很大的改观。

陈化成自任职福建水师提督以来一直都没闲着，最初两年他忙于完善厦门防务，并改良福建水师，提高军队素质。而1833～1844年，陈化成则着力打击海盗偷运鸦片之事。道光十三年（1833年），金门、厦门沿海有不少亡命之徒私自乘快桨小船，暗藏炮弹器械、鸦片等违禁货物来回进出。他们将船划到外洋，从停泊在那里的英国趸船上交易鸦片烟土，然后直接运往内地，加工销售，行踪诡秘。他们伺劫商民，为英国鸦片商贩出了不少力。陈化成了解情况之后，果断对这群海盗实施抓捕行动。但由于海盗驾驶的是快桨小船，灵活而且速度快，在海上追捕十分艰难。但毕竟陈化成自参军以来，大多数的时间都是在与这些海盗们对抗，所以，陈化成对付起来自然是轻

吴淞口炮台

车熟路、游刃有余。在与金门镇总兵、兴泉永道①等幕僚商议后决定，采用克期进剿、四面兜擒的方法来对付这些狡猾的海上亡命者。陈化成坚持不懈，多次率领水师前往捉拿，最终人船俱获，缴获快桨匪艇十多艘，捕获匪徒三名。将杀人越货的海盗绳之以法，威慑其他意欲行不法之事的人们。道光十四年（1834年），陈化成发动了新一轮的清剿，这一次他采取了预

---

① 兴泉永道：清代福建省的一个行政区。

先部署、严密侦察的战略，首先摸清匪徒的活动地点、路线、时间和伎俩，然后跟踪他们，并在他们没有任何防备的时候，水陆并进，一举拿下。陈化成的水师将潘涂、官浔、柏头三乡的匪窟统统包围起来，一窝全端，可谓战果辉煌。陈化成还分派士兵前往附近的陈头等八个乡镇，展开地毯式搜查，按户清查，匪徒全部落网，并缴获了大量毒品，搜捕到了若干奸匪，抄出窝藏的大批鸦片。陈化成这一闪电式围剿策略，极大地打击了鸦片贩子的嚣张气焰和猖狂活动，维护了沿海区域的海上秩序。

道光十四年，在闽南海面出现了大量英国鸦片趸船，所谓趸船就是英国为了装卸方便在岸边固定停泊的大船，这些大船为英国倾销鸦片提供了巨大的便利。陈化成得知情况后，立刻督军前往驱逐闽南海面的趸船，并严厉打击勾结洋贩贩卖鸦片的不法之徒。

而清政府面对如此疯狂的鸦片贸易，也开始有所行动。道光十六年（1836年），太常寺卿许乃济提出了"弛烟禁"，令英商将鸦片仍然照药材纳税入关，交行后，只许以货易货，不得用银购买，以示限制。而此时朝廷上也有严禁吸食鸦片的声音，奏请"严贩卖吸食罪名"，如果继续吸食，则判为死刑。即使禁烟已经成为当前的主流思想，但私贩、私吸现象仍然十分严重。情势可谓十分危急，一触即发，如果再不采取一些措施，中国将会葬送在这罪恶深重的鸦片上。在这个千钧一发的关头，林则徐进言道光帝，晓以利害，进言道："烟不禁绝，国日贫，民日弱。十余年之后，岂惟无可筹之饷（那就无法筹措得到军饷），抑且无可用之兵（也没有可以上阵打仗的士兵了）！"主张禁烟，并得到了批准。全国开始掀起了大范围的禁烟运动。

道光十九年（1839年）春，钦差大臣林则徐来到广州，查禁海口，严厉禁烟，搜查鸦片，并于1839年6月，在虎门海滩当众销毁搜缴的鸦片。英国鸦片商贩在广东活动日见困难，便转向福建活动。英国商贩有所不知的是，在福建进行鸦片贸易不但是跟广东一样难，甚至是有过之而无不及。

为什么这么说呢？陈化成自小生长在厦门，他目睹了鸦片对于中国人民特别是厦门的百姓的毒害。他资助刊印的《厦门志·风谷记》中就曾刊载了鸦片的危害："鸦片烟来自外夷，枯铄精髓，有性命之虞。新令尤严：买食者杖一百，枷号两个月，不将贩卖之人指出者满杖，职官及在官人役买食者俱加一等，兴贩、种卖、煎熬者充军，开设烟馆者绞监候；地保邻佑俱满徒，而愚民不醒性命以之。其流弊有九，曰：丧威仪，掷光阴，废事业，耗精血，荡家资，亏国课，犯王章，毒了孙。"所以，陈化成自然不能忍受鸦片长期毒害平民，他坚决拥护禁烟，积极配合林则徐。1839年全国禁烟开始之后，他在禁烟派主要人物、闽浙总督邓廷桢的带领下，多次击退英国侵略者，对于英国的商贩船只更是毫不留情。陈化成的态度非常明确：打！他督军水师，严行堵截，为中国赢回了尊严和名誉，也给了英国的鸦片贩子一个大大的下马威。

在林则徐、陈化成等各位民族英雄的努力之下，鸦片在中国的肆虐得到了有效地控制。但恰恰是他们的努力有了效果，使得英国在中国的鸦片贸易大受影响。于是英军向中国政府发起挑衅，继而发动了震惊中外的鸦片战争。这种强盗式逻辑让英国的罪行昭然若揭，可见以林则徐为首的禁烟运动，只是引发鸦片战争的借口而已。

中国禁烟运动，给了我们一个战争的机会……可以使我们终于乘战胜之余威，提出我们自己的条件，强迫中国接受。这种机会也许不会再来，是不可能轻易放过的。

——时任英外交大臣帕麦斯顿

第四章　誓死抗英

临危受命

鸦片战争爆发前夕，一位英国殖民者说："这是把我们将来和这个帝国的商务，安放在稳固而广阔的基础之上的最有希望的机会。"

鸦片战争是任何一个中国人都无法忘却的历史，它是中国备受屈辱的开始。清朝后期，满清王朝腐朽渐甚，国脉陆沉，危机四伏。英国看到了大清王朝外强中干的本质后，更加肆无忌惮地侵犯中国领土。1840年1月16日，21岁的英国女王维多利亚国会演说，议会就政府是否出兵、出兵的目的以及军费的供给等问题进行决议，最终投票结果是271票对262票，以微弱多数通过了发动鸦片战争的决议。仅9票就打掉了中国这个五千年文化族群的全部历史自信心和民族优越感；仅9票，使中国万万同胞饱受战争之苦，家破人亡。

英国借林则徐虎门销烟一事大做文章，以此为借口发动震惊中外的鸦片战争。在战与和之间摇摆不定的道光皇帝面对英国的威胁，一下子慌了神。此时主和派的将领极力劝说皇帝与英国求和。他们认为之所以英国决定对中国宣战，无非是因为林则徐在禁烟过程中"办事不力"，大大刺激到了外国鸦片贩子。昏庸无能的道光皇帝本性就比较容易妥协，在主和派的教唆下，皇帝下旨罢免林则徐，贬至伊犁，以此向英国示好，希望平定战事。但清政府却没有看透英国的阴谋，虎门销烟仅仅是他们进军中国的 个借口，仅此而已。中国，还是要面对这场蓄谋已久的侵略战争。

面对夷狄侵凌，中国这片曾经的大好河山面临着山河破碎的危险，越来越多的英夷挥舞着罪恶的爪牙，向中国发起了一波又一波的侵略战争。而鸦片战争正是这轰炸式入侵的开始，他们灭绝人性、惨无人道地发起战争，将中国带入了危亡之际。鸦片战争爆发后，列强纷至沓来，金瓯破碎，生灵涂炭，中国由此沦为半殖民地半封建社会，主权不再完整，而战争和长期的社会动荡，造成了民族的极端贫困，人民生活民不聊生、食不果腹，更是严重阻碍了中国社会生产力的发展。战争期间，众多诗人面对夷狄侵凌，都发出了时代的呼声，他们愤清廷之无知无能，恨将官之昏聩误国，赞英雄之为国捐躯，憎英夷之贪婪成性，悲民族志灾难深重。可想而知，处在那个时代的人民生活在怎样一个环境中！

在鸦片战争来临前夕，道光十九年英国两艘军舰在广东穿鼻首先向中国水师发动进攻，在水师提督关天培的反击下，英军败退。而这次进攻在一定意义上讲已经算是拉开了鸦片战争的序幕。英船对东南沿海海域多次侵犯，以陈化成为首的福建水师也对前来挑衅的英船进行了猛烈的攻击。陈化成带领的水师士气高昂，将英军打了个落花流水。道光二十年（1840年）三月，署闽浙总督吴文镕的奏折中称："查上年十月（1839年11月）间，有英船三艘停泊梅林洋面，经调任水师提督陈化成督带舟师驱逐，仍然抛泊，即令各船整备炮火，联舟宗驶进，连环轰击，英船一面挂帆，一面用炮抵敌，随拒随走，情形狼狈，立向外洋逃驶，兵船尾追不及。"趾高气昂的英人，在陈化成手下成了狼狈的手下败将。在十二月和次年二月，陈化成与金门镇总兵窦振彪两次出动兵船，开炮驱逐英国鸦片商船。陈化成在侵略者那里成了一个头疼的劲敌，从此便有了"不怕江南百万兵，只怕江南陈化成"的说法。

嘉庆帝对陈化成可谓是赏识有加，曾多次破例提拔陈化成，在鸦片战争来临之前，嘉庆帝再次召见陈化成，对他的勇气赞赏不已，"身经百战，勇敌万人，宜膺重之"。当年五月，陈化成便接到了调任为江南提督的命令。而此时，陈化成将军已有六十五岁高龄，而江南提督这个职位代表着的是要负责更大区域内的军务。六十五岁，在如今这个社会，也已经是步入了颐养天年的老年阶段，更何况是在二百年前的清朝！其实，陈化成完全可以婉言相拒，但是他却仍"益感奋激昂，誓以死报国"，并没有选择安逸而舒适的方式去度过余生，在国家岌岌可危，战争一触即发的时候，陈化成勇接重担，临危受命，力挽狂澜于既倒，扶大厦之将倾，从清政府手中接过这个重担。陈化成从进入军营时起，便目睹了英国人的种种罪行，而当前满目疮痍的祖国正饱受着这样的痛苦，陈化成做不到坐视不管。所谓历史创造英雄，英雄也在创造着历史，接手重任的陈化成，一举一动传递出勇气、力量和信心。而陈化成的那句**"人莫不有一死，为国而死，死亦何妨？我无畏死之心，则贼无不灭矣！"**这并非作秀般的空口号，也非登台表演的过场，而是一个武将对自己未来道路最铿然的抒发和对国家最真挚的热爱。

中国幅员广阔，人口众多，国难不断，但仍兴邦。因有精英，临危受命。无愧为国家之柱石，民族之栋梁。多少英雄，多少豪杰，当国家处于危急之时，挺身而出，救社稷于水火，拯百姓于危难，为世人赞颂，被青史留名。陈化成在提督任上之时，游刃于战火之间，为了挽救生命，他斡旋在死亡边缘，他不负众望，即使人已将老，却仍然保持着年轻人的斗志，"老当益壮，宁移白首之心"，他是鸦片战争中年龄最大的为国捐躯的老英雄。他更是一位让人敬佩不已的老人。陈化成为国家和人民付出了努力，做出了贡献，人民不会忘记，历史不会忘记。

枕戈海上

吴淞镇位于长江入海口旁黄浦江与长江的交汇口，扼江海之咽喉，是由海入江的门户。江并海上西南，与舟山距离较近，东面是崇明，东北紧靠福山、狼山，唇齿相依。如此重要的要塞，英军也早已对这块"风水宝地"觊觎良久。早在1832年乘坐"阿美世德号"来中国传教的郭实腊就曾经对"复仇号"船长荷尔说过："上海和中国腹地各地区，保持着无限的内地交通网。这个城市位于全国生产最发达、财富最集中的地区。"据说，参与《南京条约》谈判的利洛舰长也曾说："我们只要沿着扬子江攻入中国的心脏地带，江苏、安徽，甚至河南，控制了吴淞江和大运河，再占有苏州的财富，开采那里的铁和煤，并占领乍浦和上海，控制全国的重要航道，我们就可以掌握中国工业的主要部门。例如杭州府的丝绸、景德镇的瓷器等等。这样北京就自然成了我们的囊中之物了。"他们企图拿下上海，进入长江，从而控制运河，切断清朝的财政经济命脉，从而控制清政府，控制整个中国。

英国能够想到的，清政府也想到了。吴淞口位置如此重要，任何一个对防务不熟悉、作战经验不丰富的人都无法担以重任。其实，陈化成作为一个作战经验丰富、防务工作娴熟的将军，对于一个地区的防守口来说，是一个不可多得的"镇地之宝"。在1840年的秋天，闽浙总督邓廷桢考虑到闽南海防的重要性，向朝廷请求将陈化成调回厦门。陈化成驻节福建十年，对闽海的防务很熟悉。但清政府并没有答应邓廷桢的奏请。可见，此时道光帝对陈化成有其他更重要的安排。

鸦片战争爆发前不久，陈化成不顾在福建与英国军队炮击中受的伤还没有痊愈，便走马上任，正式接任江南提督。于是这位老将军，在吴淞戎马倥偬，三易寒暑，可谓鞠躬尽瘁。他到任后，立即巡视了吴淞、上海、宝山的各个军营，并直接在吴淞口驻扎下来。吴淞口战略地位非常重要，陈化成为了保住这个非常重要的门户，付出了太多的心血。《上海县志·兵防志》记载说："亲驻炮台，昼与夜巡，无寒暑，凡三载。"作为一个已有六十五岁高龄的老人，他有高级官署，却选择和士兵一起住进了简陋的营房。任江南提督两年，枕戈海上，日夜戒备，所食粗粝。他栉风沐雨，早作夜息，即使是"风雪方盛，平地积数尺"的寒冬腊月，陈化成依然驾着小舟疾驰于风浪之中，时刻保持着一线作战的状态和节奏。

陈化成严于律己，他谢绝江苏巡抚梁年特地为他准备的舒适的行署公馆，住进前沿阵地的破旧营帐之中。时任江苏巡抚的福建长乐人梁章锯，曾经著文提及陈化成："公莅任不入公署。即到吴淞，又不入行馆，所住帐房至不堪风雨，余为改制一大帐房，公犹以兵帐皆敝，不忍独居新帐。"他还在另一篇小文中提到了一件关于陈化成的很少有人了解的事。在吴淞之战前夕，陈化成的大儿子来看望父亲，待了三天就被父亲催促着回家乡去了。陈化成每次听说自己的夫人要从厦门来看望自己，都会立刻飞书一封阻止他们前来探望，称"即到亦不暇相见也"。他又何尝不想多陪陪儿子、夫人，只是国难当头，陈化成必须要舍弃小家顾大家。

他出入从简，不讲排场，不用仪仗和随从。他为人正直，不好私交和阿谀，少有武将的粗鲁无知和文官的油腔滑调。有一年，他身边的随身兵员探知到了陈化成生日，并在这一天用军中的金字旗改制成了一幅寿幛，作为寿礼送给陈华成，陈化成不仅不接受，还痛骂了此人，并命人立刻把这幅寿幛撕了。

陈化成守廉奉公的高风亮节，通过这些细微之事可见一斑。道光二十一年（1841年），河南巡抚牛鉴在吴淞督师之时，看到陈化成吃的东西都是粗粝之物，自作聪明地以为是这位新任江南提督在向他"哭穷"，于是带着拉拢的意图，自以为是地馈赠白金二百五十两，而这钱陈化成自然是坚决不受。牛鉴所给的白金数量，恰恰是对其最好的嘲讽。

陈化成爱兵如子，他从来不会因为自己贵为提督而看低普通士兵，反而他对待士兵就像对待自己的子女一般照料和关心。形势越来越严峻，陈化成在吴淞海口忙碌加强海防，做好战前准备。他常常拿一火绳（应该是用来点烟的），一短烟袋，终日奔波，巡视海塘。平日几乎都没有时间长坐，晚上还要多次起来巡视。相比于对待自己的严苛，陈化成对待自己的士兵反倒非常好。一般陈化成会在一个关卡上安放十个士兵，其中一人在关卡外站岗，而剩下的九人就可以在关卡里休息。每当有警报传来，便暗传密号，一天会换很多个密号，所以敌人很难知道并获得密号。这样的安排既能让敌人不能轻易靠近，又能充分保证了士兵的休息质量。在生活中陈化成对士兵嘘寒问暖、平易近人，和士兵共聊心事、同甘共苦。不论白天黑夜还是刮风下雨，他都会多次巡视军营，了解士兵情况。在吴淞口驻扎的两年时间里，陈化成不论寒暑，都住在一个小帐篷里，

清人笔下的陈化成戎装画像

夏天海边蚊虫很多，而陈化成却不挂蚊帐。他心心念念的是跟随自己的将士们也同样忍受着这样的环境，"卒伍皆露宿，我何忍即安"。有时会有人给提督大人送来酒肉，而陈化成也从来没有接受过，"麾下众人弗能给，独享非所当也"，他拒绝接受别人给自己开小灶，以及任何"特殊待遇"。有年冬天，天空飘起了鹅毛大雪，刺骨的寒风让陈化成整晚都没有睡着，第二天他就起了个大早，将部下都聚集到一起，看谁穿着单薄就给谁购置棉衣。这样的礼遇让每个士兵都感动不已，在后来的两年间，士兵们都亲切地称他为"陈老佛""陈公"。而在鸦片战争来临时，当面对外敌侵入、坚船利炮时，陈化成的一些手下所表现出来的神勇可以说是对陈化成最好的报答。

陈化成清正廉洁，经管粮饷公款，账目清楚，点滴归公，如有剩下的军费，都用来添置军需器械。他从来都不会克扣士兵的军饷，甚至有时候还会从自己的饷银里拿出一部分来补给普通士兵，给受伤或生病的士兵求医问药。敢问当时腐朽的清政府，会有几个官员能够做到如此礼贤下士、廉洁严正、克己奉公？然而每当自己生病了，陈化成却从来不舍得花钱求医。陈化成有次患了特别严重的痢病①，当时的江苏巡抚裕谦②听闻此事后便派医生前来为陈化成医治，而陈化成却拒绝了，他说："栉风沐雨，军营常事，某以老惫偶疾，何独张皇？"这件事让裕谦很感动，也很受触动。钦差大臣伊里布在被清廷撤职之前，曾写信给刚刚封为钦差大臣的裕谦，向他推荐陈化成，并夸奖他有为将的策略，可以器重。那时候裕谦对陈化成并不十分信任，认为他只是逢场作戏而已，所以他曾借一件事考验过

---

① 痢疾：感受温热疫毒所致的急性热病。
② 裕谦：（1793—1841），原名裕泰，字鲁山、衣谷，蒙古镶黄旗人，出身于将门世家，任江苏巡抚、两江总督。他为官清廉、抑制豪强、体察民情。鸦片战争时为守卫定海，壮烈殉国。

陈化成。

有天晚上，飓风来袭，暴雨倾盆而下，潮水涨潮都溢出了塘面，有人请求陈化成立即转移，陈化成却为了公平和安定军心坚持不肯转移军帐，他说："军帐一旦转移，那么三军必受惊扰，况且士兵们所处的位置都是些低凹的沟渠，我所处的地方本来就比士兵们的地势高很多，你让我移帐我又怎么能安心呢？"后来潮水退去，裕谦料定陈化成必定转移了军帐，于是派人快马前去，却看到陈化成在军帐中凝神端坐，并未转移。陈化成还对裕谦的关心表达了最诚心的感谢。这时的裕谦才对陈化成的人品真正信服，并在阵地上另外筑了一间草房给陈化成居住。这真的可以称得上英雄惜英雄。

陈化成视民如伤，不仅对待士兵谦和有礼，对待当地百姓也是十分的和蔼可亲。陈化成犹如对待家中父辈、子侄一样，跟百姓聊家常、问寒暖，关怀备至。然而当时，清朝的许多军队纪律败坏，经常骚扰百姓。他们常常对百姓敲诈勒索，试图从中获得利益。看惯了此等不良现象，陈化成特别注意对士兵这方面的教育。陈化成从最开始就要求自己的士兵"不刻下以谀上"。有很多故事都是在讲述陈化成如何教育士兵善待百姓，如何体恤民情的。

有一天，有个农民挑着一担粪便经过提督帐房前，臭味四溢。一个士兵呵斥他离兵营远一点。这一幕被巡视的陈化成看到了，他于是走向前训斥了士兵，并说："农民灌溉是第一要务，我们吃的粮食不都是农民们辛辛苦苦种地收获来的吗？你怎么还能斥责他们呢？他们是咱们的衣食父母啊！"士兵连连点头称是，从此再没有士兵随便呵斥百姓的现象。还有一个特别有意思的小故事，发生在陈化成刚刚到任江南提督之时。陈化成穿着士兵服装到伙房当助理伙夫军，他看到厨房的猪肉都是大块小块地吊着，感到非常好奇，于是就问旁边的士兵这是怎么回事。士兵以为他是新来的杂工，便毫不避讳地说："这猪肉不是买的，是吴淞口卖肉的送来的，不要钱的。"陈化成听了说，岂有此理，卖肉不需要本钱吗？士兵说，你刚来不懂，这是老规矩啦。咱守海防，百姓当然要有所表示和慰劳。陈化成又问，那为什么要把肉分成大小块呢？士兵说这是按着官衔来分的。最大的当然是给刚来的提督大人，小的自然是留给士兵。陈化成对这种等级明确的风气大吃一惊，随后立即下令，猪肉一律按价付钱，官兵也不得接受百姓送礼，官兵同等待遇，不许搞特殊待遇。从此，这种歪风邪气在陈化成的部队中再也没有出现，士兵们受陈化成影响，和驻地民众的关系都很好，甚至有人还写诗赞扬他们"官兵都吸民膏髓，陈公但饮吴淞水"，以此表达对陈化成及其部队士兵的感激。后来当地流传起了一首歌谣，也是专门赞扬陈化成的："将军体下情，甘当伙夫兵。严令破恶俗，一颗爱民心。"可见陈化成和他的部队在当地口碑极佳，且很有威望，深得百姓支持。

回望坚守福建的那十年，风雨兼程，如今大敌当前，陈化成更加拼尽全力。驻守吴淞的这两年，陈化成更加尽心尽力地为士兵着想、为百姓着想，却从来没有为自己年迈的身体想一想。有人说，世界上最严寒的地方，是只为自己着想，不为他人着想的心。那么，陈化成的心应该是这个世界上最温暖的地方了吧。

改良军事

英国侵略军头目义律，于1840年6月30日，率领舰船三十艘北驶福建，企图骚乱闽海，进攻厦门。此时，虽然陈化成已撤离厦门驻地，但经他训练出来的水师却是英勇善战。在主战派大臣闽浙总督邓廷桢的指挥下，水师队伍早作戒备，英军侵入闽粤岛，就遭到邓廷桢和金沙兵备道刘曜春督率的水勇的火攻，战败而逃。一股窜入厦门港的英国舰船，也被当地陈胜元所率水师官兵击退。

7月初，英国舰船见无法攻下福建，便将目标转为浙江定海。当地清朝官吏惊慌失措，定海知县姚怀祥投水自尽，总兵张朝发战死，定海水师在九分钟内覆没。定海于7月6日沦陷，成为鸦片战争期间英军攻占的第一座城池。英军占领定海后，开始展开了大肆的掠夺和屠杀，当地百姓对这些讲着洋话的白皮肤的洋鬼子恨之入骨。英军不仅对当地人残酷杀害，竟然还把舰船开到大沽口，将英国外交大臣帕麦斯顿致清政府的照会，送交直隶总督琦善，提出赔款、割地等要求。定海的大败让腐朽的清政府坐立不安，反禁烟派也随之对林则徐大加鞭挞，纷纷出来指责他"措置不录"。而琦善这个求和派的更是玩弄封建官僚惯用的欺瞒手法，一面把英国侵略者说成"其属恭顺"，一面把英国侵略者的要求说成是因遭林则徐攻击，"含冤负屈"，故来要求"昭雪"，力劝清廷妥协。清政府原没想到弹丸之地的英国能够打到北京附近，在卟慌了之后，就想用"最小的代价"来"止息干戈"，换取"太平"。无能的清政府天真地以为，只要对林则徐痛罚就肯定能抚慰英国人的怒气，从而使清政府免受战争之苦，寻得太平。于是，清政府对英国的政策来了个一百八十度的大转弯，从"禁烟"转到"抚夷"，准备投降。

此时主和派便到处散布"夷人就抚，海防可撤"的论调，很多地方都减少了炮台，大部分的士兵也被安排陆续撤离。有人劝说陈化成也可以撤掉海防，陈化成坚决反对撤防。他不相

深圳中山公园中的关天培雕像

信英夷的鬼话，他认为英军绝不会就此罢休，定会卷土重来，称"犬羊有信哉？请留本镇兵弗去"，不仅反对撤防，还增筑了海口炮台。当大家都放松警惕的时候，陈化成却更加谨慎，他深知英国人的本性，而且在十几年与西方商人、海盗打交道的生涯中，知道西方人真的是"船坚炮利"，也知道清军的腐败低能，不可言战。所以，深知自己责任重大的陈化成从来到吴淞口就任的第一天起，就做好了备战的准备，从未松懈。

道光二十年，即1840年，陈化成到任之际，曾与当时的两江总督伊里布一起视察了吴淞和上海的防务。根据当时的形势和地形，陈化成督率士兵修筑沿江四十里长的土城，沿塘建了二十六个土堡，以防外敌。这一年六月，鸦片战争当鸦片战争的战火烧到了舟山以后，陈化成便亲自赶到吴淞口，积极筹防，长期驻扎吴淞营，一直到他牺牲。

江南水师向来较为胆怯，"江苏营伍，废弛已久，从未讲求训练，各营备将，相率因循，水师尤甚"，在作战过程中常会面带怯懦之色，陈化成到任后也发现士卒多老弱，意志消沉，相较之前陈化成带的队伍，即闽军，真是差距很大。但陈化成却并未放弃，他从福建带来勇敢善战亲兵一千人，分驻吴淞、上海两个地方，从中选出了富有作战经验且可靠的亲兵前往训练江南水师这支队伍。不仅如此，他还自己亲临教场，面对面、手把手地教授士兵躲避炮弹的方法，"先辨烟色白者，乃空发，不必避；色黑烟冒出者，宜亟避，伏地乃不损，以炮火必离地三尺"，不仅如此，陈化成还亲身示范，士卒们无不信服。在不断的训练中，这支队伍快速成长为一支训练有素的优秀队伍。陈化成任江南提督之时，由于鸦片战争的爆发使得东南沿海地区时常会受到英国侵略者的侵扰，所以很多东南沿海地区的士兵常常惶恐不安，对英国的不时骚扰感到极度畏惧。而只有宝山吴淞这一带的士兵，在陈化成的带领下显得士气尤为雄壮，军气胆壮，"民独晏然"。这是陈化成教兵有方、训练有效的结果。他对军纪要求很严，道光二十一年，清政府对于吴淞的防务十分重视，为防守吴淞、宝山，清政府从各地调集了不少军队，由陈化成统一安排。钦差大臣裕谦调来了徐州总兵王志元部，协助陈化成，听从陈化成指挥。但作为外地来的将领，王志元依然我行我素，军纪涣散，甚至不听指挥。陈化成命令他镇守塘北小沙背，王志元贪图安逸，不听调度，不仅如此，其部下纪律松弛，经常外出滋扰百姓，惹是生非。对此，陈化成召来王志元，鞭笞其部下违法者十余人，以儆效尤，从此，王志元及其部下均被陈化成慑服，军队纪律大大改善。

陈化成治军周详严密可谓是"下闻于野，上达于朝"。除了改良军队以外，陈化成到任之后第一件事要做的就是巡查吴淞口海防，他深知加强海防是第一要务。

1840年6月28日，英国侵华军后续部队到达广州海面，至此，第一批侵华英军到齐，共计海军战艇16艘，东印度公司武装轮船4艘，地面部队4000人，海陆合计7000左右。震惊世界的鸦片战争由此开始。

1840年6月30日，英军进攻舟山，陈化成就提前加强海上防务，南京作为控制着长江和运河两大水道的重镇，是英军入侵中国的关键之地。而吴淞口是长江的门户，这一地区的重要性可想而知。陈化成对吴淞地区的攻守之策可谓是胸有成竹。陈化成分析，东西炮台，是吴淞口的犄角，西炮台在海口北，距离宝山有六里，可直接进击英船，使其不能侵入我们的领地；同时东炮台在南，其位置和西面炮台一样重要，它可以阻止英军登岸，使他们不能阻截我们的队伍。英人伯纳德在他的《复仇神号轮舰航行作战记》中提到了两炮台的形势，"吴淞要塞的边防，主要设于吴淞江两岸。从吴淞镇的尽头开始，沿吴淞江江口延伸，又向扬子江江岸湾过去，长达三英里。离吴淞炮台二英里为宝山镇，系吴淞的后方，炮台一直筑到那里。在这长长一线的炮台中，共计安置了约一百三十四门大炮。吴淞镇的西边，有一条较大的河浜，或说运河，沿着镇南的边缘流行，通向吴淞江，在运河地方，用石头修筑了一座坚固的半环形的

陈连生雕像

正规炮台。其上置有十门二十四磅弹的铜质大炮。从这座炮台所占据的位置来看，它雄视吴淞的全部地区，一面保卫运河的入口，也保卫吴淞江本身。吴淞镇的对岸，就是吴淞江的东边，有一座以砖头为主要材料砌起来的坚固炮台。炮台大致成圆形，从它的高度来计算，射程一定是很远的。"由此可见，陈化成的海防工作可谓是做到了极致。经过陈化成的悉心布防，宝山吴淞口的防务焕然一新。宝山城在黄浦江西岸、长江南岸，陈化成将防务的重点防在沿江西岸一带，既可以扼黄浦江和长江的咽喉，又可以保护宝山城。所以西炮台安放的炮位多达134个。为了掩护宝山城的侧翼，陈化成还在宝山城西长江南岸的小沙背布置了700余清兵；在蕴藻浜入口设新月堰炮台；

同时，在黄浦江东岸的东炮台设20个炮位；在东西两岸都垒有土塘，作为防御工事。整个宝山地区的驻军多达五千余人。这样的防御体系，如果在传统的战争中，可以说是坚如磐石的。1840年7月6日，英军攻陷了定海，英国侵略者窜到长江口，见吴淞口戒备森严，外加"陈老虎"的名声名扬千里，英军更是不敢贸然进攻，1840年8月11日，英军往北抵达天津。

陈化成还在上海城内设立铸炮局和火药局，派人到各地购买精铁用来铸大炮和炮弹。大炮和炮弹作为对战双方最重要的作战工具，其重要性不用多说。陈化成在应对台湾亡命张丙等挑衅时，曾筹备兵船药械以加强防务。那时陈化成曾详细地谈论过药械的利害之处："硫性重，重则下坠。炭性轻，轻则上浮。凡自他处运至之药，舟车摇振，即用入炮，其上皆炭，取以试炮，则无力不远。迫及下半桶，硫多炭少，用以入炮，则力过猛而炮炸矣。凡药经舟车装载，人夫扛抬，及藏贮日久，搬运多次者，必重碓。愈碓愈佳，然后可用。且言贮药不宜于一处，盖非人事之或误可虞，药多久贮，自能生火。并言晒药切忌于有风之日，以风吹尘起，药入尘沙，半月后，即能生火。"陈化成对炮弹和炸药的制造极为有经验，同时，他还说："铁匠制成铅子，最宜留心监视。否则或以微铁皮包碎石，或竟以碎石磨圆，外涂火漆。铸炮亦然，盖是器关系极大，幸而败，则自官迫将，牵连多人，官惜自己功名，互相容隐，置于不问，匠复脱然事外，不幸而不败，则临阵之日，其害不可胜言者矣。"这些经验是陈化成多年作战积累下来的，他强调火药的纯度，如果用铁皮包碎石，那么铸成的大炮会直接导致战事的失利。只可惜陈化成千叮咛万嘱咐，却仍然没有让他的爱将周世荣记在心里。

陈化成一直觉得认为周世荣是一个值得信赖的忠将，所以许多事情陈化成都是很放心地交给周世荣去做。陈化成曾任命周世荣为吴淞营参将事，监工大炮和炮弹的铸造过程。如此重要的工作，周世荣不但不尽职尽责，反而为偷工减料者打掩护。匠人抽铁胚中用碎砖填充，试炮时炮弹全裂，周世荣为了掩人耳目，用铁皮将裂开的炮弹重新箍好。这样的炮弹如何能够抵御得了英国的坚船利炮，这样的大炮又怎能打退英国的雄雄野心？陈化成作为江南提督，一身不能兼分众务，如若陈化成有知，又怎么会让自己的士兵冒这样大的风险！自古贪官污吏让人恨得咬牙切齿，而正是这些腐虫的侵蚀，才让英国侵略者如此不费过多兵力就打开了中国的大门。而这更是成为吴淞战役失败的原因之一。呜呼，只希望世间能少一些如此不办人事的贪官污吏！

陈化成日夜勤于军务，为了这场战争他可谓是呕心沥血，在陈化成的带领下，江南水师的士兵都士气昂扬、精神抖擞，两江总督牛鉴此时也因为陈化成的顾虑周全、善于作战而倚重他，牛鉴在给道光帝的奏疏中称赞陈化成"心如铁石，士卒用命，民情固结"。陈化成是每个人心中最坚实可靠的长城。

挥泪诀别

由来征战地，不见有人还。

——唐代·李白

战场从来都是最残酷的地方，每个走上战场的人都有着随时随地牺牲的可能。而那些为了民族正义、为了祖国安危，战死沙场，为国捐躯的人，都是历史上不能忘却的纪念。

1840年11月，琦善来到广东，中英广州谈判开始。原先主剿的琦善在白河口看到英军火力太猛，即下令撤退炮台守军，上演了丧权辱国的卖国求荣的戏码。琦善真可谓是成事不足败事有余，他不仅拆除林则徐设置在广州的一切防御设施，解散招募的士兵，甚至还要惩责先前抗英有功的人员。他做着一切可以讨好英军的事情，还丧心病狂地和敌人议定了丧权辱国的《穿鼻草约》，接受了英国侵略者提出的赔偿烟价六百万元、割让香港、开放广州等条款。琦善先斩后奏，道光皇帝大怒，气得大骂琦善"辜恩误国"，以琦善擅自割让香港为奇耻大辱，令锁拿解京问罪，"革职锁拿，查抄家产"，并下对英宣战书。道光帝这次派了皇侄奕山为靖逆将军，从各省调兵遣将开往广东。英国侵略者却先发制人，在1840年2月26日主攻虎门，抗英名将关天培及守军四百余人，全部英勇战死。

英军乘机将舰只开进内河，逼近广州。在全国上下掀起新一轮抗英热潮的时候，奕山来到广州，却根本没有抗英的打算。他到广州后极力排斥广东军民，污蔑"粤民皆汉奸，粤民皆贼党"，并对其任意捕杀抢掠。而自己却接受贿赂，选纳美女，乘机捞财捞色。为了报销军费并邀功取赏，竟在毫无准备的前提下，于五月二十日贸然发动了一场"夜袭"，企图反攻虎门，结果天明方知，昨晚夜袭的船只全是民船。英国借此事进一步扩大战争规模，奕山忙举白旗求和，在五月二十七日与英国侵略者签订了卖国的《广州和约》，赔偿英军六百万元。

糊涂无能的道光帝，虽然在毫不知情的情况下，被奕山签订了《广州和约》，但他却寄希望于《广州和约》能抵挡住英军侵略的脚步。但持续的战火无情地让这位糊涂的皇帝越来越绝望。1841年8月英国侵略者攻陷厦门，9月再次攻陷定海及镇海、宁波。英军像饿狼一样向中国发起一次又一次的进攻，在这猛烈的进攻中，陈化成的众多好友、爱将、知己葬身在英夷的炮轰之中。

清代诗人张维屏曾写过一首《三将军歌》赞美了三位为国捐躯的民族英雄，其中除了陈化成外，还有两个让人感动的名字，他们就是在鸦片战争中壮烈牺牲的葛云飞和陈连升。两位英雄都在这场惨无人道的战争中先陈化成而去，而这两位将军的先后离去，也让陈化成曾一度哽咽流泪。英雄惜英雄，这本来就是世间最动人的情怀。

> 三将军，一姓葛，两姓陈，捐躯报国皆忠臣。
>
> 英夷犯粤寇氛恶，将军奉檄守沙角。
>
> 奋前击贼贼稍却，公奋无如兵力弱。
>
> 凶徒蜂拥向公扑，短兵相接乱刀落。
>
> 乱刀斫公肢体分，公体虽分神则完。
>
> 公子救父死阵前，父子两世忠孝全。
>
> 陈将军，有贤子；葛将军，有贤母。
>
> 子随父死不顾身，母闻子死数点首。
>
> 夷犯定海公守城，手轰巨炮烧夷兵。
>
> 夷兵入城公步战，炮洞公胸刀劈面。
>
> 一日劈去斗犹健，面血淋漓贼惊叹。

英军长枪

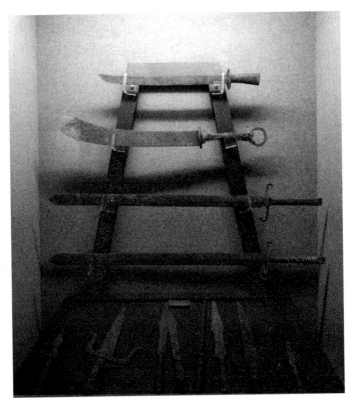

清军使用的冷兵器大刀长矛

夜深雨止残月明，见公一目犹怒瞪，

尸如铁立僵不倒，负公尸归有徐保。

陈将军，福建人。

自少追随李忠毅，身经百战忘辛勤。

英夷犯上海，公守西炮台。

以炮击夷兵，夷兵多伤摧。

公方血战至日旰，东炮台兵忽奔散。

公势既孤贼愈悍，公口喷血身殉难。

十日得尸色不变，千秋祀庙吴人建。

我闻人言为此诗，言非一人同一辞。

死夷事者不止此，阙所不知诗亦史。

承平武备皆具文，勇怯真伪临阵分。

天生忠勇超人群，将才孰谓今无人？

呜呼将才孰谓今无人，君不见二陈一葛三将军！

道光二十一年（1841年）一月，英军发动进攻，虎门战役打响。与陈化成并称为"二陈"的陈连升亲自坐镇炮台后卫，凭借着丰富的作战经验和事先埋藏好的地雷，给了英军狠狠一击。即使炮弹掺杂炭屑非常劣质，即使英军数量远大于清军，陈连升仍与英军进行殊死斗争。可惜火药消耗殆尽，英军便乘虚而入。陈连升冲入敌阵用腰刀与敌军肉搏，过程中被流弹所击中。英军对他恨之入骨，在陈连升中弹后，英军竟然用刀和矛在其身上泄愤，后将其胸腹剖开。陈连升被折磨致死，英勇就义。可怜其子陈长鹏看到父亲被如此折磨，悲愤中砍杀数敌，自己被英军砍了十刀，投海捐躯。英国人的禽兽行为，今天读来仍然令人发指！而在这场血雨腥风的战斗中丧命的还有同陈化成齐名的民族英雄关天培，英军在攻破虎门第一道防线人角、沙角两炮台后，虎门失去屏障，形势危急，关天培向琦善寻求增援，却没有得到任何回应。英军与清政府的谈判又面临着破裂，1842年2月26日，英军向虎门发起了又一轮的进攻。由于火力不足、兵力不足，即使关天培奋力抵抗，却仍没有守住镇远、威远、定远、靖远炮台，虎门战役失败，关天培英勇就义。

道光二十一年（1841年），英人攻陷定海，总兵王锡朋、郑国鸿、葛云飞都在战争中英勇就义。三镇兵总人数仅有四千人，英军数量是其好几倍。朝廷又迟迟不肯发予军饷，导致连连败退。王锡朋，安徽寿春镇总兵，曾受邀到吴淞、宝山，与陈化成共同研究防御之策，生前与陈化成关系非常好。这次英军侵犯定海，王锡朋被紧急调至浙江，与郑国鸿、葛云飞共同抗击英寇，王锡朋拼尽全力，杀敌无数，最后壮烈殉国。葛云飞，累官至定海镇总兵，在定海之战中牺牲得最为壮烈。在定海之战前，他早已意识到战争的残酷，他告知同乡亲兵，"是我尽忠之时已到，请代慰老母：节哀保重，转告儿孙：要奋发图强，继我杀敌卫国志向"。在战争中他誓死杀敌，却不幸被枪弹打中左眼，被迎面一刀砍去半个面部，但他仍忍着剧痛继续抗战，直至伤势过重，依崖身亡。

消息传到吴淞口，陈化成老泪纵横，无比悲痛，他一方面为家乡厦门的陷落和友人的牺牲而心痛，另一方面更加痛恨英人对中国的侵略行为，他叹道："毁家不足忧，特恨未能速剿耳。"陈化成激励部下说："武臣卫国，死于疆场，幸也，尔等勉之。"他悲痛欲绝，誓死保卫吴淞要塞。

战争就预示着随时会有人死去，裕谦的殉国更是让陈化成哀痛不已。道光二十一年八月二十六日凌晨，英国侵略军舰队分两路，每路数千人，同时进犯金鸡山和招宝山。裕谦临危不惧，召开官兵宣誓，兵士气高昂。他登上招宝山督战，誓死与镇海共存亡。可怎敌得过英军的猛烈炮火，招宝山、金鸡山失守，几乎全军覆没。裕谦看到败局难以挽回，安排好关防各印，向西北朝廷叩头谢罪后，裕谦跳入沉泮池，以身殉国。

裕谦，于道光二十一年奉命奔赴镇海军营围剿英军，在这过程中，裕谦与陈化成可谓是并肩作战、风雨同舟。他们都致力于禁烟，支持禁烟派，严查密访走私烟土，打击包庇烟贩的不法官吏；他们都誓死保卫国家领地，亲临驻地，按营查验，与士兵同心，全力以赴；他们都痛恨英军对中国的侵略，全力应敌。裕谦曾多次称赞陈化成，欣赏他的爱兵如子、治军严明、训练有素等。志同道合的心志和同甘共苦的经历让陈化成对裕谦的死去难以接受，陈化成潸然泪下，悲痛至极。

好友的相继离世，让陈化成隐隐感觉到死亡离自己那么近，身为老将的陈化成在悲痛的同时仿佛也看到了自己的命运，但他并不畏惧也不会退缩。在对抗外来侵略的路上陈化成既然最初选择接受，那如今自然会毅然决然地走下去。他心怀满腔报国热情，不卑不亢，无畏无惧，仍然积极地备战，等待自己报国的时刻。

扼守吴淞

《广州和约》签订后，清廷做着"太平"幻梦。道光帝命令沿海撤防。而这道命令传到江南，使陈化成感到万分痛心。他说："侵略者犬羊之性，是不守信义的。用金银贿和，会使侵略者更加骄横贪婪！"虽然吴淞守军被朝廷裁撤了一大半，陈化成还是率领自己管辖的部队，坚持驻守吴淞，屹立不动。在这样关键的时刻，陈化成自然不能放松警惕。海潮回涨时，他必亲登塘上眺望；遇到气候变化，他倍加警惕。他告诫士兵同样不能放松，平日宜养精蓄锐，操练要认真严格。又告诫将领们，没事不能随便出去走动，一旦发出警报而无人应答时，就要受军法处置。后人有诗赞道："八闽移节下茸城，海筮长连细柳营。裘带风流羊叔子，弓刀揖让卫长平。"果然不出陈化成所料，英国政府责备侵略军头目义律未能勒索出更多利益，改派了璞鼎查代替义律，策划向中国的其他地区发动更大规模的进攻。璞鼎查率军北上，标志了鸦片战争新阶段的开始。

浙江地区的连连失利，使得江南地区告急，情况十分危急。清廷看和约也无法阻止英军侵略的脚步，只好重整旗鼓，准备应战。此时，道光帝又一道圣旨，封奕经为"扬威将军"，统率从各省调来的二三万军队，开赴浙江前线。从未摸过兵器的奕经跟奕山乃一丘之貉，都是腐败堕落，只知花天酒地的皇族子弟。奕经从北京到浙江的路上，并不急于赶路，他游山玩水，纵览中国大好河山，慢吞吞地走了四个月才到达目的地。到了目的地之后，奕经也不理正事，反倒在那里勒索供奉，搜罗美女，作威作福，把国家安危大事置诸脑后。史书上对奕经的介绍很是详细，"淫娼酗酒索财贪贿，每日吴县供给八十余席，用费数百元，稍不如意，侍卫京兵即掷击杯盘辱骂县令。吴县竟被逼勒呕血而死，督抚等无可如何"。对于一些爱国人士献上的破敌之策，他也是当耳旁风，不予理会。

1842年1月25日，奕经做了个梦，梦见洋人偷偷地上了船，跑了。他认为这可是好兆头。后来奕经又到庙里算了一卦，卦上写着"不遇虎头人一唤，全家谁敢保平安"，于是他把梦和签合到一起，便高兴不已，认为英军要羊入虎口了。于是奕经选择了一个良辰吉日，即三月十日凌晨三点这个虎时反攻定海、镇海、宁波三城，以为能够打败英军。此战尽管各地人民积极配合，但英军早作准备，清军最终大多临阵逃跑，结果三城未曾收复，就连慈溪也被英军占领。奕经狼狈跑到杭州去了。唯一一次收复失地的反攻宣告失败。

这时的道光帝再也沉不住气，他看到清军累吃败仗，节节败退，为了保全自己的统治，终于按捺不住，试图求和。他派耆英为钦差大臣，带着之前因与英军妥协被革职的伊里布一起前往浙江试探投降的条件。这时的道光帝重弹"抚夷"的老调，甚至更加低声下气，他主动用轿子把之前俘获的英国俘虏送回到杭州交给英军，甚至还给白人俘虏、印度俘虏以相应的大洋，希望借这些小恩小利来求得暂时的和平。英军在依次攻下虎门、厦门、定海后，接连得手让他们看清了大清帝国内部的虚弱，于1842年进一步扩大侵略战争，拟沿长江内犯，占领南京。此时正处于上升状态的英军怎会看重这些，他们不仅对清政府的求和行为不予理睬，而且还要继续攻打中国更多的地方，试图获得更大的利益。五月十八日，英军集中兵力，攻下了江浙两省的海防重镇乍浦，摧毁了整个要塞的设施。同时，放纵士兵大胆奸淫烧杀，为非作歹。

乍浦的失陷，以及英军的势不可挡，让清朝统治者，皇帝和文武朝臣，乱成一团。扬威将军奕经给道光帝的奏折中，就写道："心悸股栗，迄无良策，战守两难。"而江南地区的一些富豪官绅更是风声鹤唳、草木皆兵，战争还没有爆发就已经吓得屁滚尿流，纷纷将家眷、细软搬到后方避难，弄得整个江南地区车船杂沓，一片混乱。清政府考虑，既然求和不成，那只能硬着头皮继续和英军对抗。道光二十一年秋天，清廷改派牛鉴为两江总督，负责江南地区的军务。牛鉴，字镜堂，甘肃武威人，嘉庆进士。他虽为进士，却是一个不折不扣的胆小鬼、投降派，他做事畏首畏尾，前怕狼后怕虎，最重要的是，一见到装备精良的英军就吓得魂不守舍。所以，他在任期间，多次与陈化成意见相左，也多次给陈化成拉后腿。有一回，牛鉴和陈化成一起检阅防军，牛鉴看到外地的徐州、河漕各营各标的士兵，装备比本地士兵出色，于是就对陈化成说："这些士兵可当头阵吧！"陈化成却不这么看，他答说："我看未必，临阵作战，贵在坚守。当地士兵有决心保卫家室，又经过了长期训练，料想不会逃跑；外地调来的兵反倒说不定啊！"牛鉴就是看中了外地兵的武器精良，能为自己保命而已。其后的吴淞之役，证明了陈化成有先见之明。

此时身为江南提督的陈化成深知英军侵略的本性，早已恭候英军多时。陈化成在给挚友，四川总督苏廷玉的书信中写道："英夷到处猖獗，已破虎门、厦门、定海，势必窥伺吴淞。某海上攻占四十余年，风涛素习，严兵戒备。如夷来，必能破之，以张军威。没事不测，亦必以死继之。敢为故人告。"陈化成自度敌人必然要来攻打吴淞口，于是进一步设防，严明纪律，不断激励士卒，做好战前准备，自己也时刻做好了为国牺牲的打算。

吴淞口是黄浦江和吴淞江汇入长江的出口，是重要的江防和海防要塞，是保卫上海和长江门户的首要阵地，英军只有打开了这一入口才能成功进入长江中下流。早在道光十五年（1835年），英国胡夏米就曾乘船进入吴淞口停泊，与四五个人一起登岸，纵观海塘局势，从黄埔一直考察至上海，直至是年深秋才扬帆而去。可见从那时起，英国就已经在觊觎了。如今，战火濒临吴淞口，陈化成布阵以待，等待侵略军前来。

但此时身为两江总督的牛鉴却不想抵抗。起先，牛鉴想要挟持陈化成，以便贯彻他的投降主张。但陈化成不为所动，牛鉴也拿不到把柄，对他无可奈何，牛鉴自己养尊处优，什么事情都不做，最后，牛鉴干脆不支持陈化成的防务措施，对陈化成颇多掣肘。作为总督他不仅不作为，还试图给陈化成捣乱，他重用那些投降派的、贪生怕死的将领，派他们在陈化成属下，以便暗中控制。牛鉴安排从镇海跟着余步云临阵脱远的将官驻守要害地方，宝山知县周恭寿就要求撤换他们，牛鉴却不予理会。吴淞口附近的宝山县城是要隘地方，周恭寿建议要役伏兵据守，牛鉴也不同意。总之，牛鉴这时一心只想投降，不想抵抗。但他无论怎样命令陈化成，陈化成都没有求和的意思。五月英军侵犯乍浦之时，牛鉴看无求和的可能，就督饬陈化成驻守海塘，添设炮位，吴淞东西炮台全部安排重兵把守，唯恐英军不期而至。陈化成深知牛鉴的贪生怕死，于是在战前特意对牛鉴说："海口军事，一以付予。公第无出宝山门一步，事必济。"陈化成怕这位养尊处优的两江总督在大敌当前，看到炮火连天的场景时打退堂鼓，动摇军心。

　　战前，陈化成思虑周全，他知道很多士兵在战前很紧张，于是他鼓舞士兵们的士气，他对士兵们说："我善水性，能任海防事，尔勿恐。"同时对士卒们说："即至万无可为时，幸弗有一人临阵逃避，此尔等之所以报国，即尔等之所以报我也。"海风中这个老将的声音无比的苍凉，但又慷慨激昂、催人泪下，不屈的意志、誓死卫国的碧血丹心，让士兵们也挺起了胸膛。陈化成抱着必死的心态去迎接这场战争，大有"人生自古谁无死，留取丹心照汗青"的豪气。

作为敌军的英军，这时也在紧锣密鼓地筹备战争。他们对陈化成这个名字充满着恐惧，"不畏江南百万兵，唯惧一人陈化成"，但巨大的利益诱惑仍驱使着他们必须拿下吴淞口。英军在发动进攻之前，苦费一番心思，他们考虑到吴淞炮多而不敢攻，狡猾的英军无所不用其极。他们为了削弱陈化成队伍的势力，买通了当地的奸民偷偷潜入清军存放火药的积谷仓，并将刚刚从江苏省调来的整整四万五千余斤火药差不多炸了个精光，"火药猝发，烟焰熏天，中挟屋木砖石，硼轰飞坠城外十余里乃止"。陈化成大怒，擒拿奸民立即斩杀了他。英军的阴谋得逞。

还不太放心的英军在6月9日，派三艘伪装的军舰前往小沙背和西炮台一带侦察，在海塘附近窥探，他们在军舰两侧排列木头人，绕过小沙背，直向西炮台，妄图通过木头人来试探陈化成炮兵火力情况，打探中国守军的虚实。但陈化成却不吃英军这一套，他只是严令静守，不发一炮一子，不让英军的计谋得逞。6月13日，英军的队伍开始逐渐壮大，他们集中于黄浦江口一带，往返拦击中国商船，向来往商船开炮。但陈化成依然按兵不动，只是"严饬各营将士整器械，具战艇，身带干粮，以备御敌"。陈化成的头脑非常清晰，攻守战略也非常明确，在此展现得淋漓尽致。他绝不能让英军为侵略找到任何借口，更不能让他们在战前就试探到吴淞口的军事实力和部署情况。6月14日，英军用木排浮来给清军下战书，陈化成不予回答，将战书扔在海塘之外，同时发布命令，准备抵抗。而此时身为两江总督的牛鉴却早已被战书上的恐吓吓得不知所措，看到敌人如此之势不可挡，心生畏意，亲自跑到陈化成兵营，诉说敌人如何难以抵挡，建议陈化成前去慰劳英军，推迟战期，企图逃避战争。而陈化成果断地拒绝牛鉴并说："吾经历海洋四十余年，在炮弹中入死出生，难以数计。今见敌勿击，是畏敌也。奉命讨贼，有进无退。扼险可胜，公勿怖！"誓不与英军低头。

道光二十二年五月初八，即公元1842年6月16日，清晨六时，英军大小船只百余艘，陆军万余人，组成一支庞大的现代化队伍，向吴淞口发起了猛攻。这是鸦片战争爆发以来，英军集结舰船和兵力最多的一次进攻，他们看不起中国腐朽的政治，看不起中国外强中干的军事实力，几乎没有把大清国放在眼里的英国人，这次却没有轻视这位年近七旬的老将。远方传来隆隆的炮声，抬眼看见黑压压一群舰船气势汹汹地向吴淞口驶来。舰船发出的枪炮声震耳欲聋，团团黄黑色的硝烟不时在天空散开，一团接着一团，湛蓝的海水汹涌翻腾，发出沉重的呜咽，尖利呼啸的枪弹在耳边飞过，整个吴淞口在枪林弹雨中经历着这场不可避免的劫难。

孤军奋战

炮声震、敌猖狂，

心是恨、怒满腔。

军心动摇阵地乱，

敌人乘机来攻打，

英夷登陆小沙背，

东炮台放弃不抵抗，

遗我孤军来作战，

前后受敌我难抵抗。

吴淞啊，吴淞！

吴淞有我陈化成，

敌人休想再逞强；

吴淞有我陈化成，

重痛敌人决不让；

吴淞有我陈化成，

官兵一致把敌抗；

上海市陈化成纪念馆内陈列的陈化成将军战袍

吴淞有我陈化成，

誓死保卫我海疆！

——沪剧《陈化成》选段《吴淞有我陈化成》

战争打响，英舰分批驶入沿江，向吴淞进犯。陈化成按原先计划，自己率领参将周世荣部一千三百人镇守西炮台，理川沙营参将崔吉瑞、游击董永清带兵一千多人镇守东炮台，泰州、溧阳营镇守衣周塘，安徽抚标暨河南营镇守校场及塘堤，后营守住城东，海州营守东北，两江总督牛鉴、吴淞营守备易占奎和知具周恭寿镇守宝山城。徐州镇总兵王志元带领十百名士兵守宝山县西北方向的小沙背，以防英兵绕此地袭击。

陈化成手执红旗，亲自坐镇西炮台，他登台麾战，告诫左右部将说："海洋飘忽，火器毋浪发，度敌船稍近，击之，则发无不中。且以静待动，劳逸迥殊，勿为所震！自乱则败矣。"意为告诉部将要冷静处理，不要乱自发炮，更不要手忙脚乱。陈化成的一席话可见其作战经验之丰富、作战考虑之细致。同时，陈化成还对部下周世荣说："吾与汝非薄相。"周世荣不懂，陈化成解释给他听："明天战而胜的话，皇上定会褒奖，如果不幸战死，我们的名字将不朽。这不是福吗？"陈化成在战前还一直努力给自己的将士们加油鼓气。

陈化成坐镇指挥的西炮台向敌舰打响了第一炮，第一发炮弹就击中了英军第二号战舰"布朗底"号，打死了一名军官和几名水手，另一发炮弹把轮船"弗莱克森"号的一名测量手两腿打断。双方激烈炮战两个半小时，陈化成部下的士气非常高涨，没有出现一名士兵临阵脱逃。不仅如此，经过陈化成之前的训练，清军火力十足而且命中率非常高，可谓是非常精准。英军旗舰"康华丽"号被击中多次，后樯被三炮击中，"布朗底"号被击中了十四次，"西索斯提斯"号被击中了十一次，其他英舰也被击中了多次。希威特海军中尉在甲板上被一颗炮弹击中而阵亡。陈化成亲自督战，向敌舰开炮，炮口都已经打得通红，据说"自卯及巳，轰坏夷船六七艘，歼夷匪数百名"，英军被这次火力凶猛的回攻表示难以置信，英军指挥官不得不承认，"国军队始终打得很凶猛，我方战舰在指定地点停妥后始行回击；双方连续炮战达两个半小时。自与中国军队作战以来，中国人的炮火以这次为最厉害"。在清军武器十分落后、士兵人数相对较少的情况下，能有如此的成绩，已是相当不容易，陈化成为大清帝国的颜面扳回了一局。

　　战事本来可以朝着一个更好的方向发展，只可惜这群队伍里，有人奋不顾身、英勇杀敌，有人却贪生怕死，临阵脱逃。被安排镇守宝山县西北小沙背的王志元却"隔岸观火"，不予发炮，按兵不动，战事从头到尾他几乎都没有参与过。与此同时镇守东炮台的崔吉瑞也采取了相同的态度，他"壁上观，不发炮"，炮台形同虚设，成了摆设。他们不知是被这漫天硝烟的场面吓破了胆，慌了手脚，还是早就没了战斗的勇气，总之在陈化成最需要他们协助抗敌之时，他们选择了冷眼旁观。

再说说这个百无是处的两江提督牛鉴，他胆小怕事、贪生怕死，多次劝陈化成放弃抵抗，与英军言和缓和敌意，而陈化成坚决不许。自己的手下如此骁勇善战、不屈不挠地与敌抗争，牛鉴非但不全力支持陈化成，还在他最需要帮助的时候不予理睬。不知道到底是记下了仇还是怕被陈化成抢了功劳，在陈化成担心弹药不足请求支援弹药的时候，牛鉴竟然刁难不肯向他发放弹药。这是你死我活的战场，堂堂两江提督竟然如此糊涂，可见大清朝的官场已经腐朽到了什么程度！最让人无法忍受的，也是使牛鉴到今天为止都没有洗脱千古骂名的事情就是，在战场中的逃跑。

清军作为典型的封建军队，一向有如此之风气。如果主将和士兵一鼓作、气势如虎，那么大家必将齐心协力、英勇无敌，但只要队伍中出现小部分人溃逃的现象，那么这一小部分人将迅速影响整支队伍，引发更大范围甚至是全军的逃跑、投降。陈化成深知清军的弊病，在战事开始之时，东炮台的将士有想后退逃跑的迹象，陈化成听说之后，遣将斩杀了最开始溃逃的士兵，以儆效尤。只可惜，陈化成思虑周全却仍然阻止不了贪生怕死之人的怕死之心，即使一再防范，却仍无法阻止这种封建军队陋习的再次出现。早在战前陈化成已经摸清了牛鉴的脾性，他深知牛鉴的胆小畏事、贪生怕死，所以在战前他特意提醒牛鉴，"公第坐镇，慎勿出入"，只可惜牛鉴还是未能理解陈化成的良苦用心，紧要关头，让人痛心疾首的事情还是发生了。本来清军士气非常高涨，士兵们和将领们都处在高度紧张的作战状态之中，一切本都应该往一个有利的方向发展。而恰恰是这初步的胜利，使这位两江总督牛鉴开始招摇过市，他听毫无舰队作战经验的清军守兵说英军已经败退，牛鉴见形势不错，战局有利，有表功的机会，于是他便以督军为名，打开宝山县南门，摆开两江总督的行头，在他的河南营八百亲兵的簇拥下，浩浩荡荡、前呼后拥地向吴淞西炮口前线进发。到了西炮口，士兵知道是总督前来督战，便一片欢呼。暂时撤退调整的英军忽然看到清军阵地上出现了一顶被如此簇拥如此大排场的轿子，江面近处的狡猾英军料定那必是清军大官，于是对准人群和轿子，开始炮击总督仪仗。这一炮可不得了，把牛鉴和牛鉴的附庸们吓得抱头鼠窜，大气不敢出，个个面如土色。牛鉴怕引起英军注意，赶紧把头上的乌纱帽扔掉，脱掉朝服，

陈化成墓

钻出八抬大轿，混进士兵中仓皇而逃，在河南参将陈平的护送下，牛鉴逃回了宝山县，随后又弃城而逃，跟他一起逃跑的还有宝山县的知县周恭寿及守城的两千多名士兵。怕死之辈在面对危险和炮弹之时，早已忘记了身上的责任，牛鉴的吓破胆似的溃逃恰恰成为这场战争中最致命的失败原因，可惜陈化成仍誓死抵抗，令人扼腕！

牛鉴的这一举动牵动了整个战局，早已"不作为"的王志元和崔吉瑞在听说了两江总督溃逃的消息后，也参加到了以牛鉴为首的溃逃队伍中来。随着溃逃队伍不断壮大，战场顿时大乱，局面已经到了斩杀溃逃之人都不能控制的程度。此时西炮台的军心也发生了动摇，而此时陈化成一方面指挥战事，一方面不断安抚军心。陈化成告诫将士，身为国家将士，就要忠心报国，坚守阵地。同时他还亲自到阵地前沿，亲自点燃大炮，给将士们做出榜样，在一定程度上重新激起了剩余将士的斗志。

牛鉴见大势已去，急忙遣发文命陈化成退兵，陈化成不听，仍继续坚守，誓死不降。牛鉴给陈化成前后共发了三次檄文，陈化成仍不为所动。有人劝陈化成撤退，他激动地说："奉命讨贼，有进无退！"而此时英军侦察到了清军的潜逃情况，立即把军舰驶向东炮台，不费吹灰之力、一枪一弹就轻易地占领了东炮台和小沙背。英军决定用海陆两种作战方式全力包抄西炮台，海军陆战队在小沙背登陆，英舰炮火并全力向西炮台阵地射击。此时陈化成可谓是背腹受敌，陈化成扼守的西炮台顿时成了孤军。

英军火力加强，而清军炮弹多是砖心，等打到英舰已经成了灰面，而炮门也都裂开，此时战争局面开始被英军扭转，清军部将遍地死尸，仍在积极抵御的士兵也多是遍体鳞伤。尸体越积越多，陈化成看着这些与自己并肩作战的士兵一个个倒下，内心无比悲痛，尽管他仍然挥动红旗以示继续发炮，而他早已是泪眼模糊，老泪纵横。此时，一枚飞炮将红旗坠毁，陷在地里有一尺多深。在紧急之时，他用令箭召徐州镇总兵王志元，和驻海神庙的王游击等，却被告知他们都已经秘密地潜逃了。垂成之功，败于瞬息，呜呼惜哉！将军可谓是功败垂成！如若没有这些人的临阵脱逃，清军在这场战役中说不定还有胜利的可能，陈化成多年的努力和准备功亏一篑！

时至此时，陈化成身边的将士越来越少，死伤的越来越多，而且炮弹已经严重不足，形势十分危急。陈化成依然毫无怯色，而这情形却把陈化成身边的参将周世荣吓得不轻。

周世荣，陈化成将军平日非常器重的参将，却经常阳奉阴违，做了很多对不起天地良心的坏事。前文介绍过，由他监制

陈化成纪念馆，位于上海市宝山孔庙大成殿内

的炮弹质量非常不堪，质量低劣的炮弹直接导致了在战争过程中清军杀伤力小，即使命中率高，对英舰的牵制作用也不明显。而此时，眼下正是陈化成最需要助手的时刻，也是陈化成孤军奋战、无依无靠的时刻，周世荣被敌人的猛烈战火吓得再也无心作战。于是他劝陈化成尽快撤兵，不要再做无力的反抗。直至此时，陈化成才认清了这个人的真实面孔，陈化成呵责周世荣："曩谓尔诚，荐拔至是，今尔负我，以致负国。庸奴，误识汝！"说完拔剑欲斩之，周世荣见势狼狈撤下，风也似得逃跑了。

周世荣等将士们的逃跑，丢掉的不光是陈化成多年来对他们的栽培、信任和提拔，以及恩师的一片赤子之心，更是丢掉了一个中国人该有的良心和良知！牛鉴、王志元、崔吉瑞等名字更是要被世代人所不齿。而陈化成在武器精良的侵略军面前，展现了中国人崇高的民族气节和中华民族不畏强暴、抵抗侵略的伟大精神，是永远值得中国人民怀念和崇敬的。从陈化成的这些铮铮誓言和与侵略者的殊死血战中，我们看到的是一个不畏强敌、敢打敢拼的铁汉形象，是一个不屈不挠、反抗侵略的威武将军。而那些贪生怕死之流，不但祸害了英雄，还会让他们备受人民的唾弃。国殇之恨，当弃之！

誓死不降

由于小沙背和东炮台的失守，到中午时分，所有的军队中只剩下陈化成带领的数量很少的亲军仍在英军猛烈的炮火中做殊死抵抗。很显然，此时各路军队的不断撤离，使得英军很快将陈化成团团围住，而西炮台的大炮也不断被英军炸毁，修建的土塘也被轰开了很多个缺口，早已失去了保护作用。

而此时仍然陪同陈化成作战，不受逃跑的人所影响，依然誓死坚守阵地的人，让人不得不敬佩。让历史也同样记住这些名字，让这一刻定格在历史的青史中，留在人们的记忆里。

印福，上元人，平日以英勇好谋而为人所知。嘉庆年间，累迁至提标中营守备。在对抗英军的过程中，印福始终陪伴陈化成左右，带领士兵冲锋陷阵，摇旗呐喊。他平日里最爱说的话就是："武官临阵，斯为奉职，死生固度外事。若畏死，不作武官矣。"情真意切，字字珠玑。在这样的时刻说出这种话，真的是世间最动听的话！印福最终死在吴淞西炮台，与这片土地融为一体，享年五十六岁。

千总钱金玉，华亭人，从小入行伍，因为防御有功，稽查私贩而累迁至前营千总。平日以勤劳谨慎出入，在这次吴淞战

陈化成纪念馆内的陈列物品

役中充当前冲监炮。临危之时有人劝他赶紧后退躲避，钱金玉义正辞言地说："我年十六，即食国饷，今焉避害，不念乘车载义危耶？"不为左右所动摇，坚持抵抗，最终中炮牺牲，战死之时，享年五十七岁。

把总龚龄垣（也作龚增龄），崇明人，他在战争过程中也始终冲在队伍的最前列，英军登陆后，龚龄垣与英军肉搏，手刃英军数人，但最后因寡不敌众而被俘。英军威胁其投降，而他誓不低头，最后被英军钉在木板上扔入大海。这种不向外敌屈服的精神，真是可歌可泣！

千总许攀桂，华亭人，由于出身武术世家，他很小就投身军营，善于运枪，在军营中可谓是出类拔萃。他跟随陈化成防守吴淞两年多，不辞辛苦，与陈化成可谓是风雨同舟。当东炮台的将士一个个放弃炮台，四处逃窜，军心动摇的时候，他用忠义之言劝告各位能继续守在阵地保卫祖国，他大声说："主将与某等共饮食，同风露，所争只此一时。公受国恩，某等受公恩，欲去者，众共诛之。"在他的大声劝告中，将士们军心重聚。他是在陈化成死后被飞炮击中而重伤，于是饮剑而死。而许攀桂牺牲时尚在壮年。

许林，华亭人，陈化成的堂倌，年轻时在市井中生活贫困，收到别人的馈赠和劝告投身提督军营。陈将军非常欣赏他的忠实英勇，尤其地重视他。战时英勇，率领士兵激战，战亡时年仅三十二岁。

徐大华，华亭人，力大艺精，发炮特别精准，炮无虚发。陈化成令他镇守西炮台，掌管二十四门红衣大炮。英舰进发过程中，多艘船都被徐大华击中。而后英军登陆拥至西炮台之时，徐大华与英军力战到底，在肉搏格杀中手刃十余人。最后被枪弹打中脚骨，倒地后又受伤多处，最终死于炮台之上，年仅三十三岁。

这就是世人流传至今的英雄，吴淞六忠者。

能有如此忠实的将士能和自己并肩作战至死，陈化成也算心有慰藉。在这样的关键时刻，陈化成解下官印，将其交到部下手中，送到官所。做好这一切后，陈化成带领数十人，坚守孤立无援的西炮台阵地。前方一个炮兵阵亡了，陈化成立刻扑上去，亲自往炮台放入炮弹，点上火药，连开数十炮，巨大的炮弹余震把陈化成的手伤到，血流不止，鲜血染红了战袍，然而陈化成依然坚持指挥抬枪队、鸟枪队，向登岸英军射击。此时，忽然有颗巨炮，将土牛①轰垮，陈化成被弹片击倒在地。密

---

① 土牛：多指远看似牛的，堆在堤坝上准备抢修用的土堆。这里可以理解为战士用来躲避炮弹的掩体。

《陈忠愍公遗像诗卷》清道光年间嘉定著名画家程庭鹭绘制。该诗卷长15.6米，高33.36厘米，内容包括民族英雄陈化成的遗像和赞诗两部分

集的子弹就像火速的流星，一颗接着一颗，陈化成被流弹击中了大腿。剧痛传遍全身，但陈化成依然手执红旗，没有放倒军旗停止作战的意思。即使身负重伤，"血涔涔下沾袍泽，左秉旗督战，叱咤尚厉"，陈化成仍鼓励将士们继续作战，这一幕被英军看到，英军考虑到弹药已经开始慢慢不足，想要回帆欲退，但又忽然看到塘下的士兵到处窜逃，一片混乱之景，于是就取消撤退调整的打算。由于身负重伤，陈化成不久便声音慢慢微弱，他对身边的士兵说："尔毋畏，尔施枪炮。"而此时英军已经登塘，面对一波又一波的敌军，陈化成拔刀与敌军肉搏。虽然陈化成奋勇杀敌，但毕竟身受重伤。

枪林弹雨中，陈化成胸部不幸中弹，一切仿佛定格在此刻。一生戎马倥偬、风餐露宿；一生海上奔波、劳劳碌碌；一生仗义执言、正直廉洁。风雨奔波的路上，这位年近七旬的老将军终于可以停下来歇一歇，停下来休息休息了。

而此时的战场，横尸遍地，一片狼藉。剩下的仅有投效武进士刘国标、额外外委徐大华、太湖营外委千总顾大贵三人而已。他们从头到尾配合陈化成作战，即使到了弹尽粮绝之际，他们也从未有过弃军逃跑的念头。他们是幸运的。

　　英军攻入宝山之后，他们将北门谯楼炮子五百石全部搬到英舰之中，这与窃又有何不同？不久，整个吴淞口要塞和上海、镇江、江宁等地相继陷落，侵略者以我之炮子，攻我之郡县。实在是令人痛恨！在陈化成殉难后，杭州将军者英查看吴淞战地之后，对战地进行了详细的描述。庐舍炮台，皆为瓦砾，海塘椿石，差不多都断裂开来。原来由陈化成精心设立的铁炮，有的被刻意破坏，有的直接被推入了海中，铜炮都被掳掠得一干二净。满目疮痍，七零八落，被踩踏的战场已经不复往昔。

　　有人说，吴淞战争的失败，最终还要归于中英之间悬殊的军事实力，攻打吴淞口的英国舰队共有战船8艘、武装轮船6艘、运输船14艘、运送陆军约2000人。从人数上看，清军的人数比英军多出一倍，但由于相对分散防御，在一个具体的攻击点上，清军人数并不占优势。加上英军的武器的先进，这个人数上的优势也是不能发挥的。更重要的是，在英军攻克宝山的当天晚上，英军援军主力也赶到了，总兵力达到12000余人。

陈化成纪念馆抗英古炮

彼逸我劳，彼灵我迟，不能取胜，并非战之不力，亦非防之不严，而实力悬殊。

诚然，陈化成队伍的军事实力是不如英军的强大，但吴淞之战的最终失败，更重要的原因是取决于人。"不知林制军挫之于洋面，广州义民围之于陆地，辛丑、壬寅两犯台湾皆为总兵达洪阿、兵备道姚莹所迫，而靖江区区僻壤，且为乡民击走，贼非不可敌，顾待之何如耳。"其言可谓有理。如若没有那些面对坚船利炮不敢前进，选择临阵脱逃的贪生怕死之辈，赢得这场战争还是很有希望。就连侵略军头目朴鼎查也不得不佩服陈化成的精神，他曾向江南大吏这样说道："自到中国，所至披靡。唯吴淞力战昼夜，受创实深！设沿海皆如陈将军，船虽坚利，无能为矣。"

吴淞战役之后，英军损失巨大，英军想要再深入内地和北方，兵力显然不足。只能利用清统治者的腐败、昏庸，强迫订立不平等条约。1842年底，清政府被迫在南京签订了中国历史上第一个丧权辱国的中英《南京条约》。中国的主权被严重侵犯，更造成了极其恶劣的国际影响。中国把香港岛和九龙割让给英国，并因鸦片的损毁和军费赔偿英国白银三千万两，开放了广州、厦门、福州、宁波、上海五个通商口岸，英国还得到了领事裁判权，片面最优惠国待遇和开设租界等特权。英国此时胜利的消息不胫而走，各国列强也看清了清政府的外强中干，于是纷纷跑来进行军事威胁。短短几日后，美国就强迫清廷签订了《望厦条约》，法国强迫清廷签署了《黄埔条约》。甚至是像西班牙、比利时、意大利、荷兰、丹麦、瑞典等这些清人眼中的"弹丸小国"都纷纷跑来耀武扬威，大占便宜，葡萄牙甚至还公然强占了澳门。如若陈化成泉下有知，心中将会多么悲痛！

吴淞之战虽然失败了，但它是鸦片战争中最为激烈的一场战斗，在陈化成的带领下，浴血抵抗，打破了侵略英军企图武力征服中国的妄想，英军损失也极为惨重。陈化成顽强抵抗的不投降精神让英国侵略军也尤为感叹："凡是亲眼看到中国的士兵以哪种顽强的斗志和决心来保卫他们阵地的人，没有哪一个对中国士兵的英勇拒绝给予充分尊重的。"陈化成和"吴淞六忠"等人为保卫阵地保卫祖国誓死反抗敌人入侵的行为，值得人民永远纪念和尊敬。庄月文先生慷慨陈言："陈化成虽死犹生，在上海史上英名永垂。"

秉结千秋

血洒宝山

报国捐躯日，遥天黯将星，

107

山河留壮气，风雨泣阴灵；

泪洒三军血，名流万载馨，

茫茫烟水阔，凭吊问沧溟

——时人作诗凭吊陈化成

登陆英军大队拥至周塘，陈化成此时已弹药尽绝，将军拔出佩刀砍向敌军，未至敌人近旁，却已经被敌人的子弹打穿了腹部，英勇的将军此刻轰然倒下，生命危在旦夕。当时在将军身边的只有刘国标、徐大华、顾大贵三人，他轻声唤过身边的将士刘国标，对他说："我活不了了，不能为国家尽忠了，你快点砍下我的头，把我的头送到我的家乡，把我的身体扔到沟壕里。"说完，他就因伤重昏死过去。陈化成之所以撑住最后一丝气力交代这件事情，终其原因是他不希望自己死后的尸体落入英夷的手中！

其实，陈化成的尸体之所以能够存留下来，还要多亏一个人。在陈化成与刘国标交代后事时，大批英军正在逼近，正当英军要荡平周塘时，有一个周塘的王姓炮兵看到英军正向将军方向走来，他趁英军不注意，他不顾自己安危，用大炮对准英军，点燃大炮，接连向他们发射炮弹。塘上的敌军惊慌失措，抱头鼠窜。趁乱，刘国标背着将军得以逃脱。

刘国标，太湖人，文武兼备。他不止勇猛过人，而且擅长吟诗作文，参加科举中第，后来因水路运输被罢官，后跟随制军裕谦，因裕谦奔赴浙江上任，编入陈化成麾下。当英军登陆周塘之时，刘国标也已经身负重伤，见敌人溃散，背起将军一路奔至芦苇荡中。当天色渐渐暗了下来，刘国标见追兵没有追来，轻轻拍抚着将军，突然听到将军喉咙间有喘息的声音，"将军还活着！"刘国标心中一喜，不一会儿将军睁开了眼睛，也明白是刘国标将他救了出来，心中感激不尽，多次用手指指天，（似乎对天公陈愿），对刘国标说："好男儿！"说完便去世了。刘国标虽然当时也浑身是伤，但他仍然尽力把陈化成的尸体背到芦苇丛中，脱下将军的一只凉鞋，把周围的芦苇叶对织起来，掩盖好，做好标记，趁敌军没有追来，逃出了芦苇荡，去与将军的部众汇合。

陈化成牺牲后十多天，他的遗体才被嘉定县令练廷璜从芦苇荡中找到，运回嘉定，将尸骨收殓在嘉定武帝庙。当时找到遗体的人也大吃一惊，陈化成将军的体肤未变，面相沉静，一如生前，但双眼圆睁。人们从他身上取出了数十块弹片，而身上刀伤更是多得数不过来。一个人，不知道是有多大毅力，才能承受如此大的疼痛。而陈化成将军死不瞑目，必是满怀愤恨和遗憾离开这个世界的。

陈化成雕像

惊悉陈化成等壮烈殉国的消息后，朝野震惊。最初道光皇帝对此特别不满，为什么这么多人都无法抵抗得住这小小的英夷，他们又怎么能如此所向披靡？而牛鉴深知自己的重大失责，他利用自己的笔墨功力，在奏折中夸大自己的抵抗力度和努力，掩饰自己的失职，同时也对殉难的陈化成表扬功劳。但道光帝对陈化成的死还是很怀疑，称"活要见人，死要见尸"。疑惑之余，道光皇帝竟然去派人调查陈化成的尸体，自己也亲自审问了嘉定知县练廷璜。皇上对陈化成带领的吴淞之战有一些疑问。

疑问一：牛鉴说陈化成击中英舰数只，自是撒谎。我们的炮，怎么能打坏英舰？练廷璜回答说："断不敢欺瞒皇上，实在陈化成起先打的是胜仗。是日开仗，臣听得我军开了七十余炮。"

疑问二：陈化成到底是如何死的？练廷璜回答："确实炮打的。陈化成尸身经目装殓，胸前一伤，肋一伤，小腹一伤，肠胃俱出，腹中尚有小炮弹数十，未能取出。盛暑之时，尸由苇中负出，已十三天，面如生，目不瞑，是臣亲见的。"

疑问三：既然陈化成先打了胜仗，为何阵地又会失守？练廷璜回答说："由于士气终馁，鼓不起来。如若彼时有一股精兵，前往协济，则事成矣。"

道光帝经过不断的调查和询问，终于得知了陈化成的英雄事迹，被陈化成的誓死不屈深深感动，叹惋连连，下谕哀悼："陈化成久历海洋，素昭忠勇；此次临敌，亦极果毅。竟尔捐躯，允宜特沛殊恩，以慰忠荩。"不久，将军子孙将灵柩扶回原籍，葬于金榜山脚下。

九月，牛鉴被撤职查办，当初王志元率部临阵脱逃，但最终难逃一死，有人弹劾他作壁上观，不出兵施援，被革去生前官职，不仅如此，他的子孙，只要有功名的，一律不准应考做官。江浙人民听到这个消息后，喜极而泣，真是大快人心，聊慰将军在天之灵。每个人都只有一个命运，对于这仅有的一个命运，陈化成选择了将自己的命运与国家和民族的命运连接在一起，而牛鉴等临阵脱逃之人，则必被命运所捉弄，自以为聪明过人，最后还是会被自己的聪明所害。

陈化成至此，才算真正得以安息。

风雨送英雄

桃花红雨英雄血，

碧海丹霞志士心。

今日神州看奋起，

陵园千古慰忠魂

——1992年赵朴初为陈化成赋诗一首

陈化成殉难噩耗传开，江南人民极大震动，许多人都被陈化成英勇杀敌的爱国主义精神深深感动，伤心地流下眼泪。将军殡葬之日，天空灰暗低沉，阴云笼罩着全城。嘉定人民接连几天罢市，可谓万人空巷。百姓跪在道旁纷纷哭奠，对这位反侵略的爱国英雄致以崇高的敬意。据史书记载，有大概数万民众为陈化成送行。王清亮的《溃痈毒瘤》中有记载，城中无论是有名望的乡绅、学士，还是贩夫走卒、妇女儿童，没有不跟着将军灵柩哭泣送行的。灵柩经过的地方，百姓都设立了香案。江苏巡抚禹采率领文武百官设祭官亭，告慰亡灵，并对着陈化成灵柩失声痛哭。低黯的天空似乎也不能承受这压抑许久的悲怆，倾盆大雨瞬间一泻而下，滂沱的雨声也淹没不了军民的恸哭之声。1842年秋天，陈化成灵柩起运回厦门时，白马素车，沿途设奠吊唁，表达对陈化成的沉痛哀悼。陈化成灵柩葬于厦门金榜山下，而在墓地上还矗立着陈化成半身戎装铜像，将军身披战袍，手执出鞘钢刀，双目圆睁，展现着凛凛士气，刚正不阿之风。墓碑刻有"清皇诰授振威将军赐谥忠愍陈公诰封一品夫人德配曾夫人茔"。陈化成的墓地现为国家、福建省和厦门市三级重点文物保护单位。

如若没有陈将军生前的为民造福、誓死卫国的种种事迹，又怎么会有百姓的千里送行与天齐哭？据说，这群送殡的人群中，也有英国的使臣朴鼎查。苏廷玉的《神道碑》中记载，朴鼎查对陈化成将军称赞不已，曰：如此好的将军，是我们自入中华以来，所未见过的。如果我们英国的每个将士都能像这位老将军一样，那么，世界上的哪片土地会不属于我们英国？虽然痛恨英国侵略者，但这些话却也从侧面反映出陈化成的精神的确让人佩服。

"父老龙钟仰天哭，何时还我旧长城。"因为陈化成曾于福建、江南地区任职，两地的百姓无人不知晓这个为人谦和的"陈老佛"。在他们心目中，陈老佛是那屹立不倒的长城，是他们的最放心的守护者。陈化成战死疆场后，江浙民间还流传有一首民谣："一战甬江口，督臣（裕谦）死，提督（余步云）走。再战吴淞口，提臣（陈化成）死，督臣（牛鉴）走。"百姓在深深缅怀裕谦、陈化成将军的同时，也表达了对逃兵的痛恨！

"青山有幸埋忠骨，马革裹尸抗敌酋。忽报人间曾伏虎，泪飞顿作倾盆雨。"将军虽然已经逝去，但在江浙两省的百姓心中永生。吴淞老乡为陈化成画了两张遗像，一张赠给了陈化成将军的子孙，另一张则永远留在了吴淞。而当地几乎每户人家都会挂着一幅将军的遗像，遗像也屡被临摹，版本较多。其中一幅流传颇广，画上的将军眼尖如刀，嘴阔过眉，正襟危坐在披着虎皮的靠椅上，显得端庄威武。画上的陈化成，虽已老态龙钟，但神气凛凛。

每逢将军的诞辰，军民纷纷前往陈化成公祠前去凭吊追念，诗云："报国捐躯日，遥天黯将星。山河留壮气，风雨泣阴灵。泪洒三军血，名流万载馨，汪汪烟水阔，凭吊问沧溟。"两省百姓之中，尤以松江人民最为悲痛，所作的悼念诗词被集结成卷，命名为《表忠崇义集》。句句流露着对将军逝去的不舍和对将军的敬仰！

赏延后嗣

陈化成将军殉难之后，道光皇帝听了陈化成壮烈牺牲的事迹后大受感动，叹惋连连，除按照提督惯例发放体恤金外，另外加恩赏银一千两，立即由江苏军需局给发，并赐谥号"忠愍"，且责成在陈化成殉难处及原籍各建祠堂，将军灵柩送回原籍时，该地官员要妥善照料。这个丧仪规格，在鸦片战争中阵亡的汉族军官中，是最高的。当祠堂落成以后，道光帝又写下祠堂碑文："七日相持，一身竟殒。眷思臣节，弥恰朕心，星落蝥弧，感飘零于大树，云寒鼓角，怀捍卫于长城，象厥生平，谥为忠愍。"碑文一字一句流露着道光帝对老将的赞誉与不舍。

道光帝下旨令将军原籍所在的官员查明其遗留子孙，据实奏报。十二月，闽浙总督怡良等人查明陈化成遗留子孙有五人。道光帝立即下旨：陈化成之子陈廷芳，按照惯例承袭其父官职；陈廷菜提升为举人，同等参加会试；孙儿陈振世年幼，待其满周岁之时，由该督抚护送至京都觐见。

道光帝下达的陈化成祭文曰：

朕惟立功报国，良臣能致其身。赐恤褒忠，旷典用昭其节。惟精诚之克矢，斯宠予之尤隆。尔，原任江南提督陈化成，谋裕六韬，劳经百战。初随行伍，历任水师。迭书卅载之勋，屡擒渠魁。允是万人之敌，荐陟军门。迄以釜底鱼游，井中蛙聚。念海氛之未靖，资国士以专征。霹雳飞声，申天威而讨贼：风云列阵，据地势以鏖兵。虏已在其目中，气能吞乎洋外。三军贾勇。丈人叶地水之占。七日冲锋，壮士固宝山之守。贼鲸鲵其待扫，师貔虎以无前，重寄攸关，相持不懈。何意吴淞驶进，方肆逆而逞凶。大树飘零，竟捐躯以殉难。忠魂邈矣，生气凛然。览奏心伤，为之涕陨。酬大勋而荫其子，特沛珠恩。发内帑以恤其家，频颁钜典。阶居极地，祀立专祠。于戏！

俎豆馨香，荐忠良而易名两字。粤闽江浙，垂功烈而炳节千秋。灵如有知，尚其来格。

道光二十二年月日

道光帝还下令为陈化成塑像一尊。

缅怀英魂

血雨腥风的战争年代早已远去，但英雄的精神却被人们一代一代地纪念了下来。江南、福建等地，都纷纷建起了陈化成祠，以此表达人们对英雄无限的思念，并希望英雄能够永世长存。

陈化成家乡在厦门同安，这里建有陈化成大祠堂，而且当地还修复了陈化成墓及陈化成故居。2012年陈化成巨型雕像落成完工，今后，伫立在丙洲岛上的陈化成雕像将成为这里的标志。

虽然厦门是陈化成的故乡，但建祠最多的地方却是他曾经誓死捍卫的地方——上海。今天上海所辖地域内实际上建了三座陈化成祠，而且于1992年5月16日，陈化成殉国150周年的那天，宝山在临江公园内利用原孔庙大成殿，建成陈化成纪念馆。纪念馆，有陈化成将军生平事迹的介绍，还陈列着陈化成亲自督造的"平夷靖寇将军"大铁炮，清朝一品武官的高级胄甲，道光皇帝在陈化成牺牲后亲题的"提督忠臣"金匾。在这里，参观者还能看到吴淞之战激战的模拟场景，目之所及，似乎眼前就能浮现出将军的戎马一生。现代人生活在物资发达的和平年代，不能感同身受地体会到那个戎马征程年代的不易，但我们可以从中感受到陈化成舍身报国、誓死不降的英雄气概。我们必须感恩，今天的"现世安稳"，正是千百万个"陈化成"用热血和牺牲换来的。陈化成之死，往大里说，是为国家，往小里说是为上海，而事实证明，上海人民是始终没有忘怀的。1996年11月30日，上海市人民政府命名纪念馆为"上海市青少年教育基地"。

吴淞口西炮台属上海宝山县，此地即陈化成殉难处。清道光年间在城西北建化成祠，原址在宝山中学校门内的东侧。祠内塑有陈公像，并有战袍等遗物。祠内有熊一本的一副对联："昔年未读五车书，雅量清心，温如玉，冷如冰，是大将亦是大儒，使天下讲道论文人愧死；此日竟成千载业，忠肝义胆，重于山，坚于石，忘吾身不忘吾主，任世间寡廉鲜耻辈偷生。"熊一本，清嘉庆十九年（1814年）进士，曾任台湾知府、台湾道台兼提学使。陈化成将军生前曾为台湾人民办了一件大好事，解决了台湾人民的粮食问题，所以很多台湾民众也会纪念陈化成将军。台湾至今还有以陈化成名字命名的"化成路"、"化成桥"。吴淞口的这所祠堂当时是遵照皇帝之命修建，后来不知什么原因被毁。但这副对联却流传了下来，每当人们读此对联，眼前便可以浮现出待人谦和、指挥沙场、心存大志的陈化成老将军。此外，清末张謇与唐文治等人为纪念陈化成在吴淞口筹设商船学校，时至1920年代，终有所成。唐文治等人为陈化成立碑撰文，用以教化学生。后人常任侠[①]在1932年淞沪会战结束不久还专门为吴淞这个地方写了深情的诗词，名为《吴淞》，以此纪念各个时代为了国家与外敌抗争的英魂。

> 这泱泱的大海，
>
> 这苍苍的云树，
>
> 这一排残坏的巨炮，
>
> 正像那些负伤的巨蟒，
>
> 僵的直的岑寂的横卧着，
>
> 向着遥遥的天宇，
>
> 张开它残缺的大口。

---

① 常任侠：（1904—1996），著名艺术考古学家、诗人。

虽然吼声已经停止了，

喘息已经断绝了，

尚婉言谢绝怀着郁勃的愤怒。

我徘徊于此残墟废堡之间，

海风吹起我的衣襟，

我拥抱这些大炮，

摇撼而且亲吻，

而且嘘唏泣下。

一具钢铁的巨大的战骨，

已经没有丝毫的微温。

我尽力的摇撼与热烈的亲吻，

而且嘘唏泣下，

海风吹起我的衣襟。

我回头看大海：

海涛喷着白沫向天卷，

茫茫的无尽的挟着怒吼的声音。

我向天末遥望，

天的尽头仍是一排一排的，

争着向前进的巨浪，

像拼命的狂奔。

我为这些海波所吞噬，

所震撼，所兴奋；

海风吹起我的衣襟。

我抱起一颗沉重的残余的炮弹，

用力的向着天高举，

向着海水掷，

许多惊异的眸子向着我望，

我只回答一些寂寞与抑郁的叹息。

这些炮弹不再发出巨大的声响，

只沉卧于乱石与泥沙之下，

我寂寞而叹息而下泪，

望着都市的烟，

村落与田野，

海与云，海风哟，

海风吹起我的衣襟。

陈化成在这里备战两年，在这里接受重任，亦在这里风餐露宿，他将心血放诸于每一个炮台，他将毕生心血投诸于整个吴淞口。与这里，更与这里的人民结下了不解之缘。如今硝烟已散，吴淞口恢复往日平静，而人们却用他们的实际行动向世人证明，那些民族英雄，我们都会记得！

陈化成初任江南提督之时，他所在的江南提督署衙门位于松江府城，所以松江也为陈化成修建了陈公祠。松江陈公祠原址位于清康熙时大学士王顼龄的秀甲园，道光年间为朱文璇等购得，修建陈公祠。祠中供奉陈化成牌位，还有在吴淞战役中一起牺牲的松江籍人士许林、徐大华、钱金玉等"吴淞六忠"。同治元年（1862年），该祠毁于战火之中。光绪二十四年（1898年），青浦县举人黄恩熙等发起重建陈公祠。1999年底，因松江中山二路改建，祠堂按原样迁建于松江方塔园内。

上海老城厢也建有陈公祠，位于淘沙场。许多文人书生等来此相会作诗，自称布衣的张奉恕拜谒陈公祠后，留诗云："孤忠双手障西室，公守西炮台战死。军威岂遂输狂寇，和议从来死将才。今日馨香隆祀典，神威犹逐怒云开。"王韬早年也曾随父游览陈公祠，"瞻仰其像，徘徊不忍去，慨然若有所感"。很多文人书生在此留下笔墨，用他们的笔端表达对英雄深深的缅怀之情。不仅如此，陈公祠还吸引了许多热爱慈善事业的人，因为陈化成生前给当地捐资建造了学院、育婴堂等，为当地百姓谋了福利，造福了百姓。于是后人继承英雄的衣钵，经常在祠堂内举办一些慈善活动，"巡道应宝时，于淘沙场陈公祠延董设局，收养丐童，抚而教之，艺成听其自去"，真正将陈化成的美德弘扬传承下去。在陈公祠里，有一个影响很大的社团，是经元善筹措组织的慈善社团，他们都是以陈化成忠勇之义为名的乡绅士族，乐善好施，热心公益和教育事业。经元善受陈化成重视教育的影响，先后创办了经正书院、经正女书塾，并以"经正集"为名发动大家重修祠堂："表扬忠义，乃士人夫分内之事，沪上多慷慨激昂之士，文章经济各擅其长，然不相通问，不究合群之义。今拟借公祠更新，招集同志，名曰经正集。岁春秋一聚公祠，课忠责孝，讲道论德，尚躬行而求实践，挽薄俗而息浇风。"参与第一次集会的知名官绅甚多，有后世比较知名的郑观应、曾广钧、汤寿潜、罗振玉、汪康年等人，活动开展得有声有色。后因己亥建储事件，经元善获谴出走，陈公祠募修的事无奈被搁置。

1937年11月，日军轰炸上海市，被侵略军占领以后，一些流氓汉奸等人借陈公祠场地开了赌场，不仅把陈公祠搞得乌烟瘴气，甚至还把陈化成的塑像丢掷在门外。好心的百姓不忍见英雄如此下场，便将陈化成的塑像搬到了当时被划为难民区的城隍庙内。本来陈化成的位置是在霍光殿东侧后面靠墙处，面朝南坐。后来，又将位置改为霍光神背壁之后，还百姓特地做了一个木龛安放，前面安放了一张恭敬桌。从此，上海人民也把陈化成称为城隍老爷，于是有了"一庙三城隍"之说。"文化大革命"时，陈化成塑像同其他城隍庙内塑像一样被毁。"文革"后恢复的城隍庙则不见了陈化成的踪影。淘沙场的陈公祠原址，也早已不存。虽然到现在，城隍庙里没有了陈化成的雕像，但他永远都有资格存在于百姓心中的城隍庙里。

除了建立祠堂、纪念馆以外，民间还经常会流传一些关于陈化成将军的传说，妇孺皆知。据说，陈化成死难之后，上海百姓传言，陈化成生前与人为善，待人忠义，那英灵必有神迹。松江、宝山民间纷传，陈化成在扶箕时显灵，在松江某战坛上写出"上帝封我为雷部副元帅，此生不能灭贼报恩，死当更助一臂"字样。这是英雄显灵要助我军一臂之力。更有陈公祠的庙祝传言说，夜深人静之时，常听到陈化成神灵走动时的靴子"踏踏"的声音，"盖沪为公成仁取义之地，宜其忠魂毅迫，历久如在也"。在苏州，也有关于陈化成的传说，"相传震泽乡间时有阴兵出现，每于河中见旌旗飘荡，矛戟森立，居家铺户，日落后便即闭门，……有好事者问其统领为谁，则称前江苏提督陈忠愍公也。"上海沿江居民也传说，江面常出现黑虎云，乃是陈化成的精气所化。种种传说只是人们为了纪念陈化成的一种方式，心口相传之间流露出人们对将军的缅怀和崇敬。

时至今日，人们仍然试图通过各种方式来祭奠民族英雄。

现在吴淞古炮台还存有当年所用的"平夷半国"大炮。现如今，吴淞古炮台成为宝山地区的一大旅游胜地和景点，虽然因破旧以及英军入侵后的破坏而改造过，但基本保持了原貌。很多来往旅游的人慕名前来，共睹陈将军的往日之风采，感受浓重的爱国情怀，非常具有教育意义。建国后，陈化成誓死报国的忠义事迹成为当前爱国主义教育良好的题材。语文、历史等课本中都对陈化成抗击英夷守卫阵地的大忠大义行为进行了详细的介绍，让青少年从小就能接受英雄爱国主义精神的熏陶。1958年，宝山沪剧团编写并演出了爱国沪剧《陈化成》，该戏的主要情节是反映吴淞口之战，歌颂陈化成，抨击以牛鉴为首的投降派。还有1961年上海人民美术出版社出版的《陈化成》小人书，以陈化成与牛鉴两派人物的斗争为线索，塑造了性格鲜明的爱国将领与误国奸臣形象。

1912年12月27日，孙中山先生来松江视察的时候，就住在了陈化成的祠堂中。有人想要为孙中山先生安排其他的房间，孙中山拒绝了，并说："不必这样，今晚让我们陪伴陈公一宿，也是人生一大幸事。"我们的国家能有这样的一位老英雄，是我们国家的一大幸事。

陈化成，从殉国将领到百姓之神，从上海到中国，由海内及海外。他被人们反复颂吟、反复纪念。中华民族因为有像陈化成这样的铮铮铁骨、中流砥柱，所以才能屹立于世界民族之林。忠勇之将举国纪念，忠义之人万世景仰。愿英雄长眠，愿英魂不朽。

海天独障狂澜，鸢飞欲愁无际。鼍梁乍驾，鹤轩何处？沙虫争避。大树思公，长城坏我，石街填未？把吴钩欲试，唾壶频击，挥难尽，英雄泪。

毕竟将军不死，跨长鲸、敌魂犹悸。金戈铁甲，云车风马，雷霆精锐。豹苦留皮，鸡羞断尾，有如江水。报馨香俎豆，泖峰同寿，壮乾坤气。

——黄仁《水龙吟·吊陈莲峰军门化成阵殁吴淞口》

后记

　　一百多年，弹指一挥间，英雄长眠地下久矣。如今的我们生活在一个举世昌明、安乐祥和的时代，战争的硝烟、杀戮的屠刀、愚国的蒙昧慢慢离我们远去，那处在安逸中的我们会不会随着时光的流逝而慢慢淡忘了那个时代的一切？包括对侵略者的仇恨，对英雄的怀念祭奠，和对时代的反思，等等。

　　我们时刻不能忘记，那个年代中国所受的屈辱，我们的祖国曾经处在怎样一种水深火热之中，国殇勿忘，国忧请牢记！落后就要挨打，这是我们用多少人的性命才换回的真理。正是由于清政府的软弱无能，不断签订了那么多丧权辱国的不平等条约，才使得我们的中华承受如此多的苦难，才让我们的大好河山如此支离破碎。在今后的岁月里，我们要谨记这段屈辱的历史，居安思危，努力发展经济、军事、国防，保卫中国的国际地位，使祖国不再蒙受如此的苦难。

我们时刻不能忘记，是谁在临阵时脱逃，是谁在祖国最需要他的时候狗苟蝇营，向敌人跪地求饶，是因为他们的存在，才让我们的国家、人民遭遇如此多的磨难。如今的我们，也应该时刻警惕像牛鉴、琦善等贪生怕死之徒，只有这样，才能使我们的国家不至沦入他手。

我们时刻不能忘记，在国家安危的紧要关头，那些挺身而出、为民请愿、为国效力的人。他们可能是高喊"天下兴亡，匹夫有责"的明道之士顾炎武；也可能是"封侯非我意，但愿海波平"的抗倭英雄戚继光；"苟利国家生死以，岂因祸福避趋之"的禁烟英雄林则徐；"我自横刀向天笑，去留肝胆两昆仑"的维新志士谭嗣同……别忘记这些仁人志士的名字，别忘记在鸦片战争中浴血奋战，对敌人毫不留情的英魂——陈连升、关天培、葛云飞、裕谦等，他们都像陈化成将军一样，临危受命，永远将民族大义放置在心底最深处，时刻谨记，他们是中国文明史上绽放的一束束璀璨的鲜花，他们都值得万众共仰，都值得我们后世代代崇敬。"多少英灵盖世功，威镇四海传美名。"让他们的美名流传至世世代代，百世飘香。他们表现出来的精神，是属于中国人的民族精神，是五千年文化当中的优秀传统文化。国难当头时的铮铮铁骨，捍卫国家主权的坚强意志，忠于职守的军人气节，这是洋溢着中华民族崇尚正气、自强不息的伟大民族精神，值得浓墨重彩，永世书写。

唐文治有言曰："在礼，以死勤事，以劳定国，则祀之；能御大灾，能捍大患，则祀之。忠愍公之死也，海外相与惊叹，谓中国大有人在。天地间风俗有变更，则人心卒不能死！"正是有了像陈化成这样的人，百姓才有生活的希望，民族才有复兴的明天！

如今，斗转星移，时过境迁，如今的中国，早已不再是那个贫穷、落后、任人宰割的中国，现在的中国正以一种全新的姿态，屹立于世界民族之林。我们应该庆幸，更应该好好珍惜，"碧血当年洒江原，图强伟业早凯旋。陈公有灵应宽慰，殉国志士笑九泉。"如果烈士们泉下有知，也定当欣慰。

陈化成年谱

1776年　出生

陈化成出生于福建省同安县丙洲村（今属厦门市），乳名步蟾。

1782年　7岁

陈化成随父亲陈鸣皋在私塾读书。

1788年　13岁

家乡发生瘟疫，父亲因病去世，陈化成失学当水手。

1802年　27岁

陈化成任职为金门右营把总。

1805年　30岁

10月，陈化成任职南澳镇右营把总。

1807年　32岁

12月，陈化成任职铜山营水师守备。

1810年　35岁

11月，陈化成擢升为海坛镇右营游击。

1813年　38岁

陈化成被任命为铜山营参将。

1816年　41岁

陈化成被任命为水师提标中军参将。

1819年　44岁

陈化成升任浙江瑞安协副将。

1820年　45岁

7月，嘉庆皇帝驾崩，皇次子旻宁即位，改元道光。

1821年（道光元年） 46岁

陈化成升任澎湖水师副将。

1823年 48岁

2月，陈化成调任台湾水师提督副将。

12月，陈化成调任金门总兵。

1826年 51岁

陈化成调任台湾镇总兵。

1830年 55岁

1月，陈化成被破格提拔为福建水师提督。

1831年 56岁

陈化成进京。道光皇帝四次召见陈化成，并称赞他"身经百战，勇敌万人，宜膺众人"。

1832年 57岁

陈化成督率水师堵截英国船只驶入福建、浙江海域。

1839年　64岁

8月，陈化成将自己的俸禄捐出，编辑《厦门志》，并撰写序言。

9月、10月，率兵多次击退进犯我国海域的英国军舰。

1840年　65岁

陈化成调任江南提督，后得知定海失守，立即率兵抵达吴淞备战。

1842年　67岁

4月初，英国军舰二十七艘，陆续结集在长江口外的鸡骨礁附近，并闯入吴淞口内测量水道。

6月16日，陈化成率军与英军英勇作战，身中七处伤，牺牲于西炮台。